中华经典之道丛书

顾作义 ◎ 编著

《人物志》之用人之道

暨南大学出版社
JINAN UNIVERSITY PRESS

中国·广州

图书在版编目（CIP）数据

《人物志》之用人之道/顾作义编著．—广州：暨南大学
出版社，2022.8
（中华经典之道丛书）
ISBN 978 - 7 - 5668 - 3326 - 6

Ⅰ．①人…　Ⅱ．①顾…　Ⅲ．①人才学—中国—三国时代
②《人物志》—研究　Ⅳ．①C96 - 092

中国版本图书馆 CIP 数据核字（2022）第 066295 号

《人物志》之用人之道
《RENWUZHI》 ZHI YONGREN ZHI DAO
编著者：顾作义
··

出 版 人：张晋升
责任编辑：周玉宏　武颖华
责任校对：刘舜怡　陈皓琳
责任印制：周一丹　郑玉婷

出版发行：暨南大学出版社（511443）
电　　话：总编室（8620）37332601
　　　　　营销部（8620）37332680　37332681　37332682　37332683
传　　真：（8620）37332660（办公室）　37332684（营销部）
网　　址：http://www.jnupress.com
排　　版：广州良弓广告有限公司
印　　刷：深圳市新联美术印刷有限公司
开　　本：850mm×1168mm　1/32
印　　张：5.375
字　　数：86 千
版　　次：2022 年 8 月第 1 版
印　　次：2022 年 8 月第 1 次
定　　价：38.00 元

（暨大版图书如有印装质量问题，请与出版社总编室联系调换）

总　序

中华优秀传统文化历史悠久，博大精深，魅力无穷，是中华民族的"根"、中华民族的"魂"，是中华文化自信的源头与活水，也是中华民族的力量所在。

中华优秀传统文化也是人类共有的精神财富，具有普遍意义。正如习近平总书记指出："中华文化源远流长，积淀着中华民族最深层的精神追求，代表着中华民族独特的精神标识，为中华民族生生不息、发展壮大提供了丰厚滋养。"①

中华经典是中华优秀传统文化的"精华"，是我们增强中华文化自信、自尊、自觉的积淀；它是超越时空的，跨越国界的，一直能够回应当代人的生活之问，特

---

① 习近平：《习近平谈治国理政》（第一卷），北京：外文出版社2018年版，第164页。

别是在科技发达、社会巨变的时代，为我们提供了走出价值迷津，防止人性物化的"良方"。学习中华经典也是一个人寻求自我完善的最佳途径。

读经典是与高人对话、与历史对话、与人生对话、与生命对话，是吸收精神滋养，开启智慧，丰富人生。经典穿越时空，观照当下，照亮未来。读经典要"入乎其中，又出乎其外"，要消化、吸收、更新。学习经典要从认知入手，朗读、记忆、思考，然后去体悟和运用。读经典最有效的办法是带着问题去研读，这样才能有收获。我们如果能有一个读书计划，每两个月读一本，一年读六本，三年的时间也可以精读十八本。如果能立志、坚持，一定能实现博学、笃行。

当下，有些人对中华传统文化的理解，大多局限于"中国结""功夫""美食""手艺"等符号化、浅表性的平面维度上，缺乏对其精神内核、价值理念、道德思想和审美情趣的学习和研究，其实，这些才是中华优秀传统文化最宝贵、最核心的内容。而这些宝贵的精神思想和审美理念，都蕴含于中华经典之中。从形式范畴的角度来看，中国传统文化的结构可以划分为五个层面，即"道""器""法""术""势"，如下所示：

```
                                    ┌─── 真理
                          道 ───────┼─── 规律
                                    └─── 核心精神

                                    ┌─── 器物
                          器 ───────┴─── 工具

                                    ┌─── 法则
中国传统文化结构 ───────── 法 ───────┼─── 规范
                                    └─── 制度

                                    ┌─── 技艺
                          术 ───────┴─── 方法

                                    ┌─── 时机、时序
                          势 ───────┴─── 态势、趋势
```

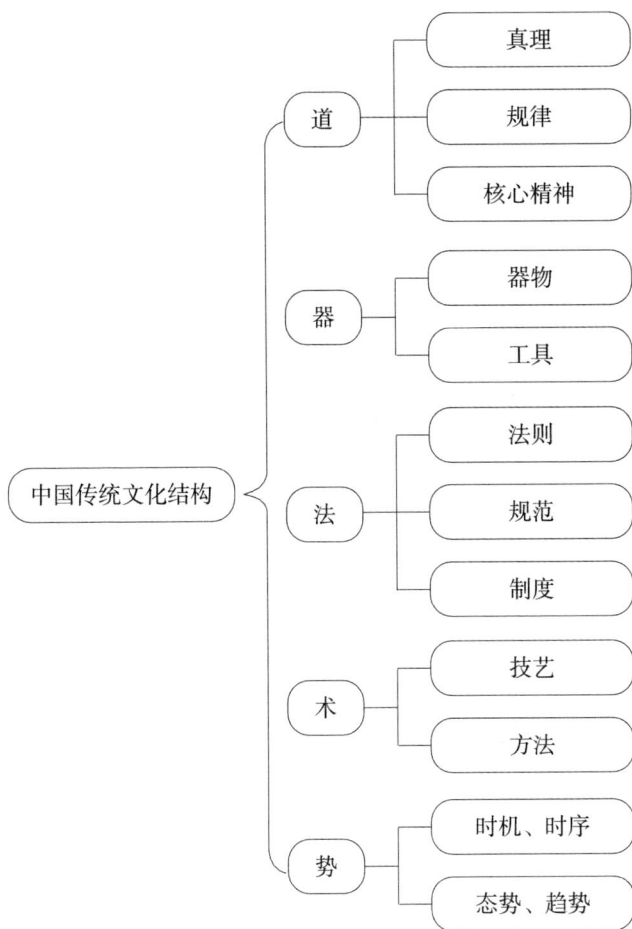

　　如果从内容范畴着眼，可把中华优秀传统文化划分为三个层次：

1. 第一个层次：道

"道" 涵括两个方面：① 精神基因、价值取向；② 世界观、方法论。具体包含：

（1）"天下为公" 的社会理想；

（2）"天人合一" 的生存智慧；

（3）"民为邦本" 的为政之道；

（4）"民富国强" 的奋斗目标；

（5）"公平正义" 的社会法则；

（6）"和谐共生" 的相处之道；

（7）"自强不息" 的奋斗精神；

（8）"精忠报国" 的爱国情怀；

（9）"革故鼎新" 的创新意识。

2. 第二个层次：德

"德" 指向行为方式，具体包含：

（1）"中庸之道" 的行为方式；

（2）"经世致用" 的处世方法；

（3）"仁者爱人" 的道德良心；

（4）"孝老爱亲" 的家庭伦理；

（5）"敬业求精" 的职业操守；

（6）"谦和好礼" 的君子风度；

（7）"包容会通"的宽广胸怀。

3. 第三个层次：艺

"艺"涵括艺术形态和审美情趣，具体包含：

（1）"诗书礼乐"的情感表达；

（2）"琴棋书画"的艺术情趣；

（3）形神兼备、情景交融的美学追求；

（4）俭约自守、中和安泰的生活理念。

那么，如何学习和弘扬中华优秀传统文化呢？习近平总书记提出了"双创"的原则——"创造性转化、创新性发展"。具体来说，就是应力求做到五个"贯通"：

第一，贯通儒、释、道。中国传统文化的发展脉络是"一源三流"，如下所示：

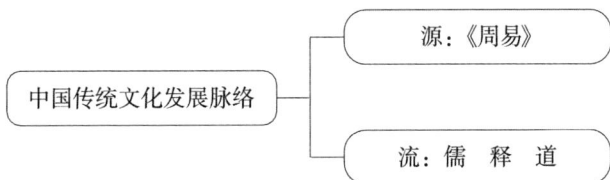

```
                              ┌─────────────────┐
                              │   源：《周易》     │
┌────────────────┐           ├─────────────────┤
│ 中国传统文化发展脉络 │───────────┤                 │
└────────────────┘           ├─────────────────┤
                              │  流：儒　释　道    │
                              └─────────────────┘
```

儒、释、道可以说是中国传统文化的三大支柱，既有共同的思想与理念，也有不同的观点与方法。可以说，它们是你中有我，我中有你，但又各具特色。如儒家的

"入世"与佛家的"出世",儒家的"有为"与道家的"无为",都存在内在的联系,只有取长补短、博采众长,才是科学的态度和正确的方法。

儒、释、道三家各有其独特的理论体系,发挥着独特的功能,它们之间不完全是对立的,有着很强的互补性。儒学是养性,主要讲为人处世的德行,用"仁、义、礼、智、信"作为准则,讲的是如何处理好人与人之间的关系。释家即佛学是养命,主要讲的是人自身的身心和谐,讲的是人的"灵性",是一种对生命的终极关怀。佛学认为"心生万法",修命可以理解为"修心"。道学是养身,"万物与我为一""道法自然",主要是讲人与自然的关系,要与自然和谐相处。人的身、心、性、灵的修养,离不开"三教"的学问,必须融会贯通。历史上不少思想家如王阳明、梁启超、梁漱溟等都是跨"教"的高手,他们善于把"三教"的思想融会贯通。其实,在中华经典中,"三教"的经典是互相渗透的。有人说,人生的最高境界是:佛为心,道为骨,儒为表。

第二,贯通"道、术、势"。中华优秀传统文化有三大基本内容,一是"道",这是真理、规律,是中国传统文化的核心精神,"道"决定了"德",表现为

"术"，适用于"势"，学习领悟传统文化关键在于"悟道""行道"；二是"术"，这是"道"的表现形式和创造方式，是中国人的思维方式在行为上的表现，也是实现"道"的策略和方法；三是"势"，这是事物的发展趋势、形势，是当下的运用，是"道"与"术"的落脚点。中华优秀传统文化的学习和运用，要用"道"来统率"术"和"势"，直达文化的内核，这是领悟传统文化的根本。为此，学习中华优秀传统文化要把重点放在明道、养德、启智。

第三，贯通文、史、哲。哲学家培根说："读史使人明智，读诗使人灵秀，数学使人周密，科学使人深刻，伦理学使人庄重，逻辑修辞之学使人善辩。凡有所学，皆成性格。"在对经典的解读中，文学可以把抽象的理论讲得生动有趣，史学可以以史为鉴、启智明理，哲学可以使之深刻透彻，把这三者贯通起来可以相得益彰，实现道、德、艺的统一。

第四，贯通古今。经典的学习是以古鉴今，古为今用。这就要适应时代的变迁，与时俱进，立足当下，关注现实，从中寻找解决现代人心灵、道德困境的方法。

第五，贯通中西。中华优秀传统文化是中国的，也是世界的。对中国传统文化妄自菲薄是缺乏自信的表现；而夜郎自大，对外来文化加以排斥则是傲慢的表现。因此，必须互相尊重、理解、借鉴、交流，一方面，要用开放的胸襟接纳、借鉴外来的文化并加以创新，把西方优秀文化本土化；另一方面，让中华优秀传统文化走向世界，增进世界对中国文化的理解，增强中华文化的创新力、感召力和影响力。

习近平总书记 2014 年 9 月 24 日在纪念孔子诞辰2 565 周年国际学术研讨会暨国际儒学联合会第五届会员大会开幕会上的讲话指出："在带领中国人民进行革命、建设、改革的长期历史实践中，中国共产党人始终是中华优秀传统文化的忠实继承者和弘扬者，从孔夫子到孙中山，我们都注意汲取其中积极的养分。"

然而，经典毕竟是几千年前的产物，随着时代的进步，有的内涵发生了变化，我们不能"食古不化"，而应在中国文化优秀基因的基础上，赋予其新的内涵并加以丰富和发展，这就需要进行现代解读，这个解读就是习近平总书记指出的进行"创造性转化、创新性发展"。具体来说，解读的方法有以下几种：一是选择新的视角。经典的内涵是丰富的，全面的学习是一个基础。在此基础上，要观照当下，紧扣当今人们的精神呼唤，直面新需求、新问题，用新的视角去解读、去体悟，从中获得新的答案。二是实现新的转化。中华经典是历史的产物，随着时代的发展，必然有新的语境、新的要求，为此，在转化中要"不忘本来"，不忘中华优秀传统文化的根脉，注入时代精神，赋予新的内涵，焕发其生机和活力；要"吸收外来"，以开放的心态，接纳世界的优秀文化，取长补短，博采众长，既不自卑，也不自大；要"面向未来"，着眼于造福子孙万代和永续发展，为未来的发展夯实根基，提供不竭的精神动力和力量源泉。三是致力于新的超越。经典可以温故知新，思想文化的新发现，科学技术的新发明，为新思想、新观点创造了新条件，这就要在新的时代加以丰富和发展。正是基于以上的认识，我从几年前着手进行"中华经典之道丛书"的写作，完成了《〈劝学〉之学习之道》《〈黄帝内经〉之养生之道》《〈道德经〉之辩证思维之道》《〈菜根谭〉之处世之道》《〈庄子〉之生命关怀之道》《〈六祖坛经〉之修心之道》《〈人物志〉之用人之道》《〈列女传〉之女性修养之道》等。这一丛书的写作有三方面考虑：一是分主题切入，分类选择主题，集中于某一个侧面进行解读；二是观照当下，关注现实，结合当代人的现实生活，以古鉴今；三是力求通俗易懂，经典大多比较深奥难懂，为此，必须用现代的语言进行讲解，用讲故事的方法来阐述道理。

"中华经典之道丛书"中每一册以一部经典为范本，选择一个主题作为切入点对经典进行导读，始终在"贯通"两字上下功夫，观照当下，学以致用，寻找传播、普及中国传统文化的新路径，这也是一种新的尝试。

"中华经典之道丛书"的写作，让我重温经典，对我来说是一次再学习，我从中增长了知识，更为重要的是完成了心灵的修炼，虽然辛苦，但乐在其中。由于能力、水平有限，本丛书一定存在一些不足，期待得到读者的指正。

是为序。

作者于广州

2022 年 3 月 25 日

目 录

引　言

　　人，生活在社会中，结成广泛的社会关系，这就是
"人脉资源"。有的人善于知人、用人，结交良师益友，
帮助自己成长与成功；而有的人不善于知人、用人，结
交的多是狐朋狗友，给自己的成长、成功带来了极大的
阻挠。因此，有人说，一个人能否成功取决于自己最亲
近的人。

　　作为一个领导者、管理者，知人善任尤为重要。一
名统帅，若用错一个将，将输掉一场仗；一名企业家，
若用错一个关键岗位的人，将会断送企业。

　　领导者、管理者的主要职责是把方向、用好人、抓
协调，三者缺一不可。领导者若不能把握好正确的方向，
再有能力的人也无法实现目标，反而会越走越远；但如
果只有正确的方向、好的目标和战略，却没有得力的人

去执行、去落实，这也会成为"空谈"。因此，选人、用人就显得十分重要。

选人、用人是一个极其复杂的问题，即使是英明的领袖也有过失误，主要原因有：

第一，知人、识人难度很大。庄子认为："凡人心险于山川，难于知天。"虽然这句话有失偏颇，但指出了知人之难。从表面上看，我们很容易对每个人做出直观的判断，但实际并非如此。人的内心是复杂、矛盾的统一体，我们很难简单地对其下一个定论。而且，在现实生活中，常常有不少"两面人"，人前一套，人后一套，表里不一。再加之，人的性格、品性也会时时发生变化，人才是有多样性和潜在性。要想真正地认识一个人的本质、品性、能力，难度很大，必须有敏锐的洞察力。

第二，人才的优劣难以用量化的指标加以衡量。一个人的性格、品德无法用一把尺子去衡量，去作出准确的判断。我们生活中，很多企事业单位每年都会对员工进行考核，优秀、合格、基本合格、不合格的评判往往是以德、能、勤、绩、廉这五个方面作为标准。但事实上，这五个方面很难用具体的指标去衡量，难以达到准确无误，只能凭印象、凭感情，最终导致这种评选变成了"轮流坐庄"的平衡。

第三，人才的辨识评价会受到选人者主观偏好的影响。有的领导者，很爱才、惜才，也希望成为一个"伯乐"，选用有志向、有品德、有才华、有担当、有责任心的人。但不得不承认，领导者往往受自身的性格、教养、学识、能力、眼光、经验、心态的影响，再加之用人制度、机制、环境、文化背景等各种因素的限制，他们从观人到知人再到用人，往往会产生偏差，很难做到客观、准确。因此，那些能够得到领导赏识、重用的人才是幸运的。在历史上，有能之士，怀才不遇，郁郁寡欢，被埋没和断送的现象屡见不鲜。如战国时的屈原，因进谏惹怒君王而被流放，最终投江而死以表忠贞；一代奇才韩非子因秦王听信谣言，而被毒死于狱中；"诗鬼"李贺因流言招致嫉恨，不堪打击，年仅27岁便抑郁而死；抗金名将岳飞，征战126次，战功赫赫，却被"莫须有"之罪杀害，等等。最可悲的是贤才听命于庸才，善人屈就于恶人，忍气吞声，沦落为一个没有人格尊严、意志的工具。

正因如此，古代先贤感叹"识人真难"。诗人白居易在《放言》一诗中说："赠君一法决狐疑，不用钻龟与祝蓍。试玉要烧三日满，辨材须待七年期。"唐太宗李世民说："人才难得更难知。"宋代陆九渊也说："事之至难，莫如知人；事之至大，亦莫如知人。诚能知人，则天下无余事矣。"贤明的领导者都应当做到知人善任，任人唯贤。所谓知人，就是了解他人，选准人才；所谓善任，就是正确地使用人才，让人才适事、适地、适时；所谓任人唯贤，就是要选择那些德、才兼备的贤良者，公正、公平地使用人才，发挥他们的智慧和才能。

中国共产党历来高度重视选贤育才。党的十八大以来，习近平总书记站在历史和全局的高度，把人才工作摆在更加重要、更加突出的位置，深入推进人才强国战略，提出了一系列重要论述，从"认识定位""用人机制"等方面系统阐述了新时代人才工作的人才观和方法论。

在认识定位方面，强调"人才是实现民族振兴、赢得国际竞争主动的战略资源。要坚持党管人才原则，聚天下英才而用之，加快建设人才强国"的观点。[①] 指出"办好中国的事情，关键在党，关键在人，关键在人才。

---

① 参见《2017 年 10 月 18 日，习近平在中国共产党第十九次全国代表大会上的讲话》。

综合国力竞争说到底是人才竞争""发展是第一要务，人才是第一资源，创新是第一动力""创新的根本在人才""'两个一百年'奋斗目标的实现、中华民族伟大复兴中国梦的实现，归根到底靠人才、靠教育"的发展关键。要求"树立正确人才观，培育和践行社会主义核心价值观，着力提高人才培养质量，弘扬劳动光荣、技能宝贵、创造伟大的时代风尚，营造人人皆可成才、人人尽展其才的良好环境，努力培养数以亿计的高素质劳动者和技术技能人才""全社会都要贯彻尊重劳动、尊重知识、尊重人才、尊重创造的重大方针""建设'人人皆学、处处能学、时时可学'的学习型社会"。

在用人机制方面，强调"坚持党管人才原则，以识才的慧眼、爱才的诚意、用才的胆识、容才的雅量、聚才的良方，把党内外、国内外各方面优秀人才集聚到党和人民的伟大奋斗中来"，要求"抓好执政骨干队伍和人才队伍建设"，提出新时代党的组织路线：全面贯彻新时代中国特色社会主义思想，以组织体系建设为重点，着力培养忠诚、干净、担当的高素质干部，着力集聚爱国奉献的各方面优秀人才，坚持德才兼备、以德为先、任人唯贤，为坚持和加强党的全面领导、坚持和发展中国特色社会主义提供坚强组织保证。

在人才标准方面，强调"人无德不立，育人的根本在于立德。立德为先，修身为本，这是人才成长的基本逻辑""选干部、用人才既要重品德，也不能忽视才干"的要求。对干部队伍强调要坚持"信念坚定、为民服务、勤政务实、敢于担当、清正廉洁"20 字标准，要求干部增强学习本领、政治领导本领、改革创新本领、科学发展本领、依法执政本领、群众工作本领、狠抓落实本领、驾驭风险本领等"八项本领"，提高政治能力、调查研究能力、科学决策能力、改革攻坚能力、应急处突能力、群众工作能力、抓落实能力等"七种能力"，要把政治标准摆在首位，不断提高政治判断力、政治领悟力、政治执行力。对人才队伍强调"要有强烈的爱国情怀""要热爱我们伟大的祖国，热爱我们伟大的人民，热爱我们伟大的中华民族，牢固树立创新科技、服务国家、造福人民的思想，继承中华民族'先天下之忧而忧，后天下之乐而乐'的传统美德，传承老一代科学家爱国奉献、淡泊名利的优良品质""把人生理想融入为实现中华民族伟大复兴的中国梦的奋斗中"。

在人才范围方面，强调"要坚持五湖四海、任人唯贤，广开进贤之路"。提出既要培养基础型研究型人才，又要培养复合型应用型人才；既要培养世界一流科学家、艺术家、领军人才和团队等尖端人才，又要培养战略型、创新型人才等高端人才，要抓好青年人才队伍梯队建设，做强高技能人才队伍，建设高素质劳动大军；既要培养体制内优秀人才，又要加强非公有制经济人士、无党派代表人士、企业家等的培养；既要着眼国内培养，又要注重国际人才交流和引进；既为国选贤育才，又积极支持发展中国家开发人力资源、推动世界减贫，等等。在不同的场合对先进装备、农业、旅游、科技、军队、教育、法治、公共卫生、疾控、中医药、理工农医、竞技体育人才、考古队伍、知识产权、思政教育、金融、哲学社会科学、文艺、乡村振兴、新闻舆论、网络信息、工程科技、少数民族干部等各个领域、各个门类人才培养作出具体指示。

在使用培养方面，强调"要在一体化发展战略实施的过程中发现人才、培育人才、使用人才""要坚持事业为上，以事择人、人岗相适"，要求"完善人才培养机制，遵循社会主义市场经济规律和人才成长规律，以国家发展需要和社会需求为导向，以培养人才创新精神和创新能力为重点，以提高思想道德素质和职业精神为基础，形成协同育人模式。要改进人才评价机制，避免简单以学术头衔、人才称号确定薪酬待遇、配置学术资源的倾向，推动人才'帽子'、人才称号回归学术性、荣誉性本身。要创新人才流动机制，打破户籍、身份、学历、人事关系等制约，促进城乡、区域、行业和不同所有制之间人才的协调发展，鼓励、引导人才向艰苦边远地区和基层一线流动。要健全人才激励机制，让机构、人才、市场、资金充分活跃起来"，强调"要放手使用人才，在全社会营造鼓励大胆创新、勇于创新、包容创新的良好氛围，既要重视成功，更要宽容失败，为人才发挥作用、施展才华提供更加广阔的天地，让他们人尽其才、才尽其用、用有所成""要加强人才投入，优化人才政策，营造有利于创新创业的政策环境，构建有效的引才用才机制，形成天下英才聚神州、万类霜天竞自由的创新局面！"

在团结凝聚方面，强调"要广泛宣传表彰爱国报国、为党和人民事业作出突出贡献的优秀人才，在知识分子和广大人才中大力弘扬爱国奉献精神，激励他们的爱国之情、报国之志。加强对人才的政治引领，做好各类人才教育培训、国情研修等工作，增强他们的政治认同感和向心力，实现增人数和得人心有机统一。要做好联系服务人才工作，政治上充分信任、工作上创造条件、生活上关心照顾，多为他们办实事做好事解难事。领导干部要带头联系专家，加强思想沟通和感情交流，当好'后勤部长'。"

习近平总书记关于人才的系列重要论述，指出了人才的重要地位和作用，揭示了人才成长发展的客观规律，提出了识才、爱才、用才、容才、聚才的策略，充分体现了习近平总书记对人才事业发展和人才制度建设的系统思考和科学谋划，是马克思主义基本原理、中华优秀传统文化精髓、党的革命建设事业经验总结和中国特色社会主义伟大实践的有机结合，是新时代做好人才工作、发展人才事业的科学指南。回溯挖掘中华优秀传统文化中关于人才的经典，有利于更加深入地理解把握总书记的重要讲话精神。

那么，在中华经典中，是否有一部对人才的本质、标准，对人才的辨识和使用等作出理论分析和总结的著作呢？回答是肯定的。这就是东汉刘劭写的《人物志》。

《人物志》全面阐述了识人、用人的规律，深入研究和总结了古人识人、用人的成功经验和失败教训，为我们提供了识人、用人的学问，其理论之透彻，剖析之深刻，涉及范围之广泛，实操之具体，是中华经典中关于用人之道最为深刻、透彻、系统的论著。宋代阮逸为《人物志》作序说："是书也，博而畅，辨而不肆，非众说之流也。王者得之，为知人之龟鉴；士君子得之，为治性修身之檗栝，其效不为小矣。"阮逸对《人物志》给予了高度的评价，认为这本书广博而流畅，雄辩而又严谨，非是人云亦云，而是有独到的见解。所谓龟鉴，龟可以卜吉凶；鉴，镜也，镜可以照美丑。王者以此书作为知人的榜样。檗栝，檗为校正弓箭用具，栝为箭尾扣弦处，檗栝亦指准绳。古今君子把《人物志》作为治性修身的准绳，从中获益不小。可见，《人物志》应当作为领导者、管理者和君子人才的必读书目。

兴国之要，唯在得人；治世之本，唯在用人；千秋基业，人才为先。决胜未来，全靠人才。今天，我国已经进入高质量发展、高品质生活的新阶段，要转变过去依靠"人口红利"的发展模式，把依靠"人才红利"

"人才优势"作为决胜未来的发展战略。《〈人物志〉之用人之道》以《人物志》作为解读的范本，围绕知人、用人这一主线，以史为镜，对历史上的知名人物的品性和才能进行了品评，发人深思，令人警醒；同时，又以古鉴今，吸收了当代人才理论的研究成果，思考当今的用人之道。力求成为用人之瑰宝，交友之良方；成为洞察人性，体悟人生的读物，这就是本书要达到的目的。

第一讲 《人物志》是阐述用人之道的一部经典著作

《道德经》说:"知人者智。"《书·皋陶谟》说:"知人则哲。"《论语·为政》载:"哀公问曰:'何为则民服?'孔子对曰:'举直错诸枉,则民服;举枉错诸直,则民不服'。"即:鲁哀公问道:怎么才能使百姓服从呢?孔子回答说:选用正直的人,让他们位于邪曲之人之上,这样百姓就会服从了;如果选用邪曲之人,让他们位居于正直之人之上,百姓就不会服从。尽管儒道两家在治国理政的思路上有所不同,但在用人方面却惊人的一致。可惜的是,自古以来,先贤对用人之道的论述只有片言只语,比较零碎。值得庆幸的是,刘劭撰写的《人物志》填补了这一空白,为我们提供了识人、用人的智慧,可谓是一部鉴别人才,使用人才的经典之作。

这一讲主要介绍《人物志》的作者、主要内容和当代意义,以便读者对《人物志》的内容有一个大概的了解。

一、《人物志》的作者和创作背景

刘劭,生卒年不详,字孔才,广平郡邯郸(今河北邯郸)人。建安年间,在郡府中做上计吏。在一次岁末进都城洛阳向朝廷汇报地方政务时，恰逢太史预计将出现"日蚀"（日食）。根据当时的惯例，遇到日食应当停止会礼。当时朝廷的官员对此争议不休。也许是上天给了他一个展示才华的机会，刘劭发表了自己独特的见解。他认为古代著名的太史也有天时计算错误的时候，况且圣人不应以异常天象而废朝礼，因为正能胜邪，有时变异之象会自动消失。他的主张得到了尚书令荀彧的赞同。最终，会礼如期举行，日食也没有发生。

自从这一事件之后，刘劭仕途之路一帆风顺，先后担任了太子舍人、尚书郎、散骑侍郎、骑都尉等职，不仅给他提供了一次次历练的机会，还为他多种才能的展示提供了舞台。

刘劭是一个知识广博、多才多艺的人。他精通法律，著有《律略论》《法论》两书；他博览群书，尤其精通儒家经典，受魏文帝诏，把五经群书分类汇辑，编成《皇览》一书。他有较高的文学造诣，创作了《赵都赋》《洛都赋》等。刘劭还起草了《都官考课》，主旨在于考查在职官员的政绩，划分了优劣等级，以确定其是否具备察举或晋升的资格，这是最早提出绩效评价的建议和方法的著作，可惜未能流传下来。

刘劭的品格和才能，可以在夏侯惠推荐刘劭的表章中得到一个完整的印象。当时魏明帝曹睿下诏广求贤才，夏侯惠推荐了刘劭，评价他"深忠，笃思，体周于数，凡所错综，源流弘远"。刘劭忠心耿耿，善于思考，擅长周密的谋划，凡是他糅合古制而创立的制度，都源流宏远。所以群臣上下都取自己和他相同的地方去斟酌比量。因此诚实的人佩服他的性情平和端正；清静的人敬慕他的深沉恬静和为人谦让；擅长文字之学的人欣赏他的推理详尽而缜密；谙熟法律的人知道他的判断准确没有谬误；善于思考的人了解他的思想深刻而坚定；爱好文学的人喜欢他的著论文章；制定制度的人看重他的提纲挈领简明扼要；筹划谋略的人赞美他的才思敏捷考虑精到。夏侯惠认为刘劭是一个通才、一个国家的栋梁之材，应当对他加以重用。

《人物志》一书的诞生并非偶然，而是时代的产物。唐代史学家刘知几在《史通·自叙》中说："苟随才而任使，则片善不遗；必求备而后用，则举世莫可，故刘劭《人物志》生焉。"刘知几认为《人物志》的诞生是特定的时代产物。

首先，时代为《人物志》的产生提供了资源和条件。刘劭生活在汉末三国时期，这是一个群雄争霸的时代。正所谓"乱世出英雄"，各种各样的人才层出不穷，上演了一出出斗智斗勇的活剧，涌现了各具特长的人才：有以政治见长的，如曹操、刘备、孙权、诸葛亮、诸葛瑾等；有以军事见长的，如周瑜、陆逊、邓艾等；有以勇武见长的，如关羽、张飞、张辽、徐晃、蒋钦、甘宁等；有以智谋见长的，如荀彧、郭嘉、庞统、法正等；有以技艺见长的，如华佗、马钧、钟繇等。这些人才在社会动荡中，寻找自己的位置和机会，但由于他们的社会理想、政治眼光、个人修养不同，自己寻找施展才华的路径和方法也各不相同，因此结局也不一样。这就为刘劭创作《人物志》提供了观察人才、分析人才的素材，为刘劭总结识人、用人的规律提供了丰富的资源。

其次，现实的需要催生了《人物志》的诞生。众所周知，汉魏时期的选官方式是荐举制。这种用人制度与世袭制相比是一个进步，但荐举制自身存在着弊端，即没有客观的可检验的标准，汉朝举孝廉、魏时依靠门第，最终沦落为人脉关系环环相扣，重蹈世袭形态的落伍制度，令吏治腐败，政风日下。为了解决这一问题，曹叡曾下令实施考课法，试图用可量化的标准去考察官员，可惜缺乏科学性、可操作性而中途夭折。刘劭创作《人物志》正是为了解决用人制度上的弊端而作出的尝试。

再次，汉魏之际人物品评活动的蓬勃发展，也为《人物志》的诞生提供了理论基础。汉魏之际许多政治家为博取爱才、惜才的美名，开展了人才的品评活动。随着这一活动的发展，涌现了一批人才理论研究的论著，如魏文帝曹丕撰写的《士操》一卷、卢毓撰写的《九州人士论》、孔融撰写的《圣人优劣论》等，这些论著为刘劭撰写《人物志》提供了借鉴。

最后，刘劭博览群书、学贯百家、知识广博促进了《人物志》的诞生。刘劭可以说是一个通才，上至天文，下至地理，文、史、哲、政、经乃至人事管理均有涉猎。在《人物志》这本书里，我们可以看到他不仅是一位政治家、管理家，还是一位思想家、心理学家、语言学家、文学家。

正是在汉魏之际，特殊的人才成长环境和对人才迫切需求的条件下，刘劭立足于三国时期识人、用人的丰富经验，吸收了前人的人才思想，才创作出《人物志》这一部堪称中国古代人才学的集大成之作。

二、《人物志》的主要内容

"人物"，首先是指有特殊专长的人，我们说"这个人是一个人物"，是指这个人有过人之处。其次，"人物"也有人才分类的意思，俗话说："人以群分，物以类聚"，成语有"辨物居方""物伤其类"，《大学》中讲要"格物致知"，故"人物"，有将"人"分类，以便考察各类人才的本质之意。最后，"物"字含有"物色"的意思，即人才的识别、考察、选拔。"志"的本意是"心之所向"，指志向、意念，又延伸指记录、记载、标记，记载的文字，如天文志、地方志等。"人物志"的书名就是指对人才进行识别、选用的记录、论述。因此，《人物志》是一部人才学的专著。

《人物志》全书有自序，分为上、中、下卷共十二篇。上卷有《九征》《体别》《流业》《材理》，中卷有《材能》《利害》《接识》《英雄》《八观》，下卷有《七缪》《效难》《释争》，全书的内容大致可分为五大部分：

```
                    发现
                    人才

      认识          《人物志》          使用
      人才          的主要            人才
                    内容

            优秀人              避免识
            才具备              人、用
            条件                人失误
```

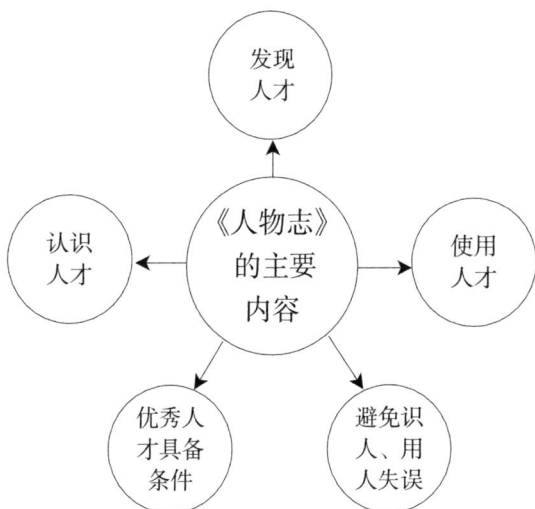

（一）总结如何认识人才

这是关于人才学的理论研究，论述了德与才的关系，人才表与里的关系，人才等级的划分与人的才能的两重性的问题。

刘劭在论述德与才的关系，不是把它们分开来讲，认为德、才是一体的。他说："夫圣贤之所美，莫美乎聪明。"聪明是人的阴阳两气结合的精华，阴阳清纯和谐就会使人内心聪慧而外表敏锐。他认为优秀的人才是"中和"，而"中和"的本质是德才高度的协调统一。

刘劭根据人才的表里关系，把人才分为不同的等级，

把"九征"与"道德品质""五常"联系起来，把内在的本质和外在形态统一起来，把表里高度一致、达到中和境界的人作为品第最高的人才。

刘劭在分析人才时，充分运用了辩证法，指出人才各有长短，关键在于与岗位相匹配，用其所长，避其所短，才是人尽其才。

这部分的内容具体见如下几章：

一是《九征》，九征，指人的九种情性的外在表现。以神、精、筋、骨、气、色、仪、容、言，判断其内在天赋才能。分析了"九征"与"五常"的表里关系，揭示了人才品第的高低。把"五行""五体"和"五德"联系起来，指出"偏才"的五种品德："温直而扰毅，木之德也。刚塞而弘毅，金之德也。愿恭而理敬，水之德也。宽栗而柔立，土之德也。简畅而明砭，火之德也。"可见，刘劭的人才观，把"德"放在首位。

二是《体别》，这一章着重分析各种偏才之人的长短处。刘劭认为只有圣人才符合中庸标准，是全才、通才，其余的人大多为偏才，即是专才。这一章难能可贵的地方是分析了人才的"心性"和"性情"，即性格特征和气质。就是今天我们常说的"情商"，这个方面往往为人们所忽视，其实，"情商"决定了一个人的精神状态、心理特征；决定了一个人的抗挫能力、沟通能力、协调能力、创新能力。刘劭把偏才划分为十二种类型，并分析其优点和缺点："厉直刚毅，材在矫正，失在激讦。柔顺安恕，每在宽容，失在少决。雄悍杰健，任在胆烈，失在多忌。精良畏慎，善在恭谨，失在多疑……"在分析了偏才的长短处以后，刘劭指出要用人之才，扬长避短。

三是《流业》，这一章讲的是一个人的才华，也即"智"。"流"有两个意思：一是指源流，即德、法、术为各种才能的源头；二是指品类，概括了十二种职业及对应人才的类型，即清节家、法家、术家、国体、器能、臧否、伎俩、智意、文章、儒学、口辩、雄杰。领导者要善于选拔适当的人并将其安排到适当的位置上，人尽其才。

（二）阐述如何发现人才

刘劭在上面讲的是人才观，即指出了人才的本质、特征和作用，回答了什么是人才。而发现人才则是方法论，这个方法论概括起来有如下几个方面：

一是由表及里法。这就是从一个人的外部仪态，言、谈、举、止、衣、食、住、行去看一个人的品质、性格、风度。为此，他提出了"八观"的方法，即"观其夺救，以明间杂。观其感变，以审常度。观其志质，以知其名。观其所由，以辨依似。观其爱敬，以知通塞。观其情机，以辨恕惑。观其所短，以知所长。观其聪明，以知所达"。

二是全面考察法。刘劭认为人才的发现不能只看德或才，而是要全面地、综合性地去考察。他认为至少要从三个方面去考察："一以论道德，二以论法制，三以论策术，然后乃能竭其所长，而举之不疑。"这一考察法既包括品德、性格、才能，又包括决策能力、规划能力、执行能力，是综合性的考察。

三是长期观察法。刘劭认为人才的发现不能凭一时一事，而必须经过长时间的实践去观察、发现。他指出："夫国体之人，兼有三材，故谈不三日，不足以尽之。"这里讲的"三日"，不能简单地理解为"三天"，而是较长时间的考察。即包括过去和现在的表现，时间是最好的试金石，只有长时间的考察才能全面地发现人才。这方面的内容具体见如下几章：

一是《材理》，这一章主要讨论人才与道理的关系，探讨了道理、事理、义礼、情理，指出了性情可能产生九种偏颇，特别分析了人才应具有较强的语言表达能力，指出了人才要具备"聪能听序""思能造端""明能见机""辞能辩意""捷能摄失""守能待攻""攻能夺守""夺能易予"八种能力。

二是《接识》，接识就是通过与别人的接触交往中识别人才。这一章讨论了在鉴别人才时，由于鉴识者的眼光、偏好、心态等局限，往往难以用客观的态度去观察和衡量别人，因而识人会出现偏颇。为防止出现这种偏颇，要摒弃自己固有的成见和标准，要经过长时间的观察和了解。

三是《英雄》，这一章分析了具有雄才大略的人才——英雄，指出英雄就是文武双全的人，既有英才，又有雄才。这是个案研究的专论。

四是《八观》，这一章依据不同的行事风格，分析了观察人才的八种方法，从而判断其高下。

（三）论述如何使用人才

用才是识才、选才的落脚点。在这个社会里，其实并不缺人才，缺的是对人才的合理使用，要防止大材小用、小材大用，也要防止用人失策。刘劭认为，不论是职务高的人，还是职务低的人，均是人才。人才的类型不同，能力大小各异，关键是要把他们放到合适的位置上，这样才能发挥应有的作用。这方面的内容具体见如下几章：

一是《材能》，这一章列举了八种不同才能的人才，指出应把他们放在合适的位置上，才能使他们的能力得到充分发挥，如果放错位置，就会浪费人才。君主的职责是发现人才，把他们放到适当的位置，人尽其用，这样，国家才能得到有效的治理。

二是《利害》，这一章分析了六种人才的长处和短处，他们被任用前的表现和被任用后的作用，阐述了人的性格、心理状态与自身命运的关系。

（四）阐述如何防止选人、用人出现失误

一是在《七缪》这一章中指出了考察人才的七种谬误和解决办法。这七种谬误是："察誉有偏颇之缪，接物有爱恶之惑，度心有小大之误，品质有早晚之疑，变类有同体之嫌，论材有申压之诡，观奇有二尤之失。"与此同时，刘劭又提出了七种解决办法。

二是在《效难》这一章分析了人才被埋没的两大难点：一是认识人才本身的难处，二是认识人才而没有取得成效途径的难处。

（五）论述优秀人才应具有的风度

这方面的内容主要见于《释争》，这一章从人才竞争的角度，分析一个人的胸怀、气度的差别，而反映其境界的高低，提倡谦让的风度，以达到以屈求伸、以让胜敌、转祸为福、屈敌为友的目的，以作全书对人才的勉励。

三、《人物志》在人才学上的主要贡献

刘劭的《人物志》第一次构建了一个系统的人才学体系，回答了什么是人才，如何识人，如何用人，如何选拔人才，如何配置、调动人力资源，如何管理人才的问题，如何最大限度地开发、利用好人才资源，并使之转化为生产力的问题。本书的可贵之处是具有许多创新性的观点和方法，《人物志》在人才学研究上的主要贡献有以下几个方面：

（一）把天道、地理、人性贯通于人才研究

刘劭运用了中国传统文化中"天人合一"的世界观，不把人作为一个孤立的存在，放在天地之间，把天道、地理和人性贯通起来，把人的生理特性和心理情性结合在一起。他在《九征》中说："盖人物之本，出乎

情性。""凡有血气者，莫不含元一以为质，禀阴阳以立性，体五行而着形。"意思是说，人内在的最根本的资质，是通过他的思想和性情表现出来的。凡是有生命的物体，没有不包含最根本的、最初始状态的性质的，他们秉承着阴阳形成个性，依据五行而成就形体。只要是有形体的生命物体，可以根据形体去探求他们的本质。刘劭认为天下间凡是有生命的，皆是从宇宙间最原始、最本质的基质（即元一）为生命的"基因"，物种的千差万别，取决于阴阳禀赋的不同比例，再因五行具体的变化，而形成生命形态的实际形态，人更是如此。他吸收了《黄帝内经》的一些理论，用于人才的研究，把宇宙的"五行"，人的生理上的"五体"，人的品格的"五德"对应起来，如下表：

五行	木	金	火	水	土
五体	骨	筋	气	血	肌
五德	仁	义	礼	智	信

也许有人认为这种看法有迷信和牵强的成分，但在现实中，确实有内在的联系，一个人所处的生活环境、

生理特质，对一个人的性格、心性和品德的形成具有密切联系。俗话说："相由心生。"一个人的心理状态和外部面貌是有直接联系的。在生活中，善于观察的人，总能从对方的面部表情、说话声调、服饰打扮中判断对方的心情、态度、性格和反应能力。当然，这不是"以貌识人""以貌取人"，但在识人、选人时，首先是从外部的体征开始的，从言谈举止、日常操守去认识和考察，从而得出一个全面的结论。刘劭在这里指出了人才的认识不能忽视先天的禀赋，天道、地理和人性是一体的，这也可以看成是唯物主义的人才观。

（二）把德、性、才作为识人、选人的基本要素

我们识才、用人通常说的是"德才兼备"，即品德和才华。刘劭人才学的创新之处是增加了"性情"，即性格。

刘劭在这里指出了"人才标准"的"铁三角"，用一个图形表示：

性格　才能

品德

在这个"铁三角"中，品德是基础，性格和才能是两弦，三者缺一不可，相辅相成。

刘劭还分析了性情、性格的优点和缺点。他在《体别》中说："厉直刚毅，材在矫正，失在激讦。柔顺安恕，每在宽容，失在少决。雄悍杰健，任在胆烈，失在多忌。精良畏慎，善在恭谨，失在多疑。"我们可以用下表对十二类人才作一个呈现：

类型	性格特征	优点	缺点
第一类	强毅之人	刚强勇猛	难以合群
第二类	柔顺之人	宽宏大量 容忍谦让	优柔寡断
第三类	雄悍之人	勇往直前	多疑猜忌
第四类	惧慎之人	小心谨慎	墨守成规
第五类	凌楷之人	清高自赏	专擅固执
第六类	辨博之人	能言善辩	飘荡散漫
第七类	弘普之人	慈善济众	好坏不分
第八类	狷介之人	清正廉洁 节俭不奢	拘谨自闭
第九类	休动之人	行为磊落	疏忽遗漏
第十类	沉静之人	微妙高远	迟疑缓慢

（续上表）

类型	性格特征	优点	缺点
第十一类	朴露之人	质朴率真 忠贞不渝	不善隐藏
第十二类	韬谲之人	足智多谋	犹豫不决

　　一个人的性格特征不但影响其工作能力与工作质量，也影响人际关系，即团队的战斗力、执行力。尽管刘劭对人的性格特征的分析有一些重复之处，其科学性也有待研究，但他提出了"人才"的性情、性格都是值得重视的，可惜在当时并未引起重视并运用在人才的识别、考察和选用上，而在今天，我们也常常缺乏对每一个人的性格进行分析并进行互补组合，导致团队出现不团结、不和谐的现象，这个问题值得我们深思。

　　（三）提出了人才的科学分类和人才应与岗位相匹配

　　刘劭将人才划分为两大类，一类是圣人，这是具备高尚道德和才能的人，这类人很少；另一类是偏才，因为大多数只在某些方面较突出，即专才。刘劭第一次对人才的能力作了分类，依据人的才能将其分为：清节之材、治家之材、术家之材、智意之材、伎俩之材、臧否之材、雄杰之材等十二类。

他还从职责上分类，分析人才的特质、能力和与之相匹配的岗位，具体内容详见下表：

类别	特质	能力	匹配岗位
清节家	德行高尚	有德教人之能	师氏之任
法家	建法立制	有立法使人从之之能	司寇之任
术家	有长远计谋	有权谋之能	三孤之任
国体	治国大才	三材纯备	三公之任
器能	虽有治国大才，但难以独当一面	三材而微	冢宰之任
臧否	为人正直、对人过于苛责	有德教人师之才	为师之佐
伎俩	虽能制定规范，但欠审宏观视野	有立法使人从之能	司空之任
智意	近于术家但欠缺宏观视野	有权奇之能	六卿之佑
文章	长于文字写作	有文笔灿烂之能	国史之任
儒学	善于传播圣人的思想	有辩护之能	安民之任
口辩	善于游说言辩	有辩护之能	行人之任
雄杰	胆识过人	有威猛之能	将帅之任

随着社会分工越来越细，岗位职业也越来越多，刘劭的人才分类已不能适应当今社会的需要，但他在这里

指出的"量才用人"原则却是可取的。"量才用人"关键在于一个"量"字，即如何将德、性、才与其从事的工作相匹配。

首先是"德配其位"。大德可配高位，中德可配中位，小德则可配低位。德高则望重，有威望，有亲和力，有影响力，可以授予较高的职位。相反，如果"德薄而位卑"，不但害了别人，也会害了所用之人。

其次是"能适其岗"。"能适其岗"，这个"能"，除了专业知识以外，还要看其是否有谋划能力、文字表达能力、语言表达能力，组织协调能力、创新能力等。

最后是"志适其职"。这就是其情志、性格是否适合他在这个团队中所担当的职责，这就是要注意优化人才结构，力求 1＋1＞2，通过优势互补，发挥团队的力量。如组建一个团队，必须有善于谋划未来的决策者，有善于抓好落实的执行者，有坚持公正廉明的监督者等，只有人才的多样和互补，才能实现人才资源效果最大化。

第二讲　人才是事业兴衰成败的根本

刘劭在《人物志》中开宗明义，论述了识人、选人、用人的重要性和意义，指出写作本书的宗旨是依照圣人的准则，论述识别人才、使用人才的理论和方法，以此来弥补先贤在这方面的遗缺。

一、圣贤最大的聪明是善于识才、用才

古代的圣贤都是聪明之人，是拥有高尚的品德和高超才能的人，其最聪明之处在于知人、用人。《人物志·自序》说："夫圣贤之所美，莫美乎聪明；聪明之所贵，莫贵乎知人。"刘劭认为，圣贤之所以能垂范当代，影响后世，创造伟业，在于善于识人。接着又说：

是以，圣人著爻象则立君子小人之辞，叙《诗》志则别风俗雅正之业，制《礼》《乐》则考六艺祗庸之德，躬南面则授俊逸辅相之材，皆所以达众善而成天功也。

天功既成，则并受名誉。是以，尧以克明俊德为称，舜以登庸二八为功，汤以拔有莘之贤为名，文王以举渭滨之叟为贵。由此论之，圣人兴德，孰不劳聪明于求人，获安逸于任使者哉！

这段话有如下几层意思：

第一，圣贤创作《易》《诗》《礼》《乐》不仅是用来育人，而且用于识人。圣人作《周易》，建立了君子和小人的标准，让我们从中识别什么是君子，什么是小人；在修订《诗经》的时候，对《风》《雅》《颂》不同风格的诗篇作了分类；在制定礼乐制度的时候，就通过礼、乐、射、御、书、数等方面来考察人恭敬寻常的品性。

第二，帝王都是以"众善"而获得"天功"，帝王之所以能成"天功"，即创造伟业，在于能够"达众善"，这个"众善"，即能识别、使用俊逸之才。

第三，圣贤之所以能"成天功"而且能享美誉，也在于"知人善任"。刘劭在这里举了几个例子，唐尧因能够辨识人才超群、品德高尚的人而称著；虞舜因任用八恺八元而取得成效；商汤因为提拔任用伊尹而出名；周文王也因为举荐吕望而被尊崇。

刘劭在这里举了古代四个圣贤的例子：

第一个是尧帝。据《史记·五帝本纪第一》的记载：帝尧，仁德如青天，智慧如神明。他用人唯贤。他问："谁可以继承我的这个事业？"放齐说："你的儿子丹朱比较通达事理。"尧说："哼！丹朱啊，他这个人太凶恶、愚顽，不能用。"尧又问道："那么还有谁可以？"驩兜说："共工广泛地聚集民众，做出了业绩，可以用。"尧说："共工爱讲漂亮话，用心也不正，貌似恭敬，但却欺骗上天，不能用。"帝尧认为自己的儿子品德不行，共工不诚实，都不是理想的接班人，于是，扩大了选人的范围，在远近大臣和隐居者中推举，终于选择了德才兼备的舜，最终舜没有让尧失望，样样都做得很好。

第二个是舜帝。舜帝更是求贤举善。高阳氏有八个富有才德的子孙，人称之为"八恺"，高辛氏也有八个富有才德的子孙，人称之为"八元"，舜帝举用了"八恺"的后代，将掌管土地的官职封给他们，让他们处理各种事务，他们都办得有条有理，舜又举用了"八元"的后代，让他们向四方传布五教，使得做父亲的有道义，做母亲的慈爱，做兄长的友善，做弟弟的恭谨，做儿子的孝顺，家庭和睦，邻里真诚。

第三个是成汤。根据《史记·段本纪第三》的记载：伊尹原来是一位有德行、有才华但又不肯做官的隐士，成汤曾派人去聘迎他，一共去了五趟，终于用真诚的心感动了伊尹，答应辅助成汤，成汤委任伊尹管理国政，成汤选贤任能聚集了大批英才，国家走上兴旺。

第四个是周文王。周文王在渭水边遇到了姜太公，选用姜太公作军师，采纳了他的建议，成为杰出的君王。

《反经·大体》说："知人者，王道也；知事者，臣道也。"意为知人善任，是君王之道；知事，是臣子之道。所以，为主官者应明白抓方向、用好人、弃细务的道理。

《资治通鉴·唐纪九》记载：唐贞观四年（630），唐太宗与房玄龄萧瑀谈论隋文帝的治国方法。房玄龄等认为隋文帝勤于朝政，不辞辛苦，应该算是一个励精图治的君主；唐太宗却不以为然，指出隋文帝事事躬亲、不善用人，这是败亡之道。唐太宗说："择天下贤才，置之百官，使思天下之事……有功则赏，有罪则刑，谁敢不竭心力以修职业，何忧天下之不治乎！"唐太宗认为治国的正确方法，是选拔天下贤才，安排其合适的职位，让他们考虑如何治理国家，各司其职，有功则赏，有罪则罚，这样一来，谁敢不尽心竭力做好自己的工作呢？又如何担心天下治理不好呢？

古代圣贤的可贵之处在于有一颗公正的心，有爱才、惜才的情怀，有一个宽广的胸怀，有一双善于识才的慧眼，善于给人才提供施展才华的机会，这么高贤的人品，高超的智慧和高明的用人艺术值得每个人去学习。

二、人才，决定了事业的盛衰成败

如何识人、用人不仅体现了一个人是否聪明，更关系到事业的盛衰成败。打天下是如此，坐天下更是如此。刘劭说："知人诚智，则众材得其序，而庶绩之业兴矣。"意思是说，如果能够用聪明智慧来辨识人才，那么众多的人才就能够排列出上下高低的次序，各种事业就会兴旺了。

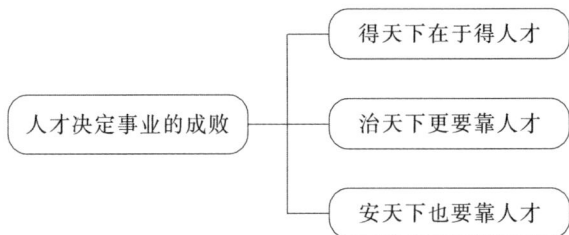

```
                              ┌── 得天下在于得人才
                              │
人才决定事业的成败 ──────────┼── 治天下更要靠人才
                              │
                              └── 安天下也要靠人才
```

（一）得天下在于得人才

墨子在《尚贤（上）》说：国有贤良之士众，则国家之治厚；贤良之士寡，则国家之治薄。故大人之务，将在于众贤而已。墨子认为，国家拥有一批贤良之士，就会政通人和；缺少了贤士，国家就会衰弱；因此，为政者的当务之急，是怎样使贤士增多，选天下之才，为当下之务。成大事者，必须以人才为本。

在群雄竞争的年代，得人才者得天下，因此，许多贤明的君王都求贤若渴，千方百计招揽人才。

春秋战国时期，秦国之所以能吞并六国，成为霸主，在于秦孝公能识才、用才。

秦国本是一个边陲小国，但秦国的几位君主都志向远大，惜才用才。秦穆公起用百里奚，使国力大增，秦孝公起用商鞅变法，为统一六国打下了基础。秦始皇重用李斯，最终一统天下。

刘邦与项羽争夺天下，最终刘邦取胜。这是因为刘邦胸怀宽广，善于识别各种人才，并用其所长。《贞观政要》中说："为政之要，唯在得人。""政安之本，惟在得人。"这里坚持的就是"任人唯贤"组织路线。

《史记·汉高祖本纪第八》记载：

高祖置酒洛阳南宫。高祖曰："列侯诸将无敢隐朕，皆言其情。吾所以有天下者何？项氏之所以失天下者何?"高起、王陵对曰:"陛下慢而侮人,项羽仁而爱人。然陛下使人攻城略地,所降下者因以予之,与天下同利也。项羽妒贤嫉能,有功者害之,贤者疑之,战胜而不予人功,得地而不予人利,此所以失天下也。"高祖曰:"公知其一,未知其二。夫运筹策帷幄之中,决胜于千里之外,吾不如子房。镇国家,抚百姓,给馈饷,不绝粮道,吾不如萧何。连百万之军,战必胜,攻必取,吾不如韩信。此三者,皆人杰也,吾能用之,此吾所以取天下者也。项羽有一范增而不用,此其所以为我擒也。"

从这个对话中,可以看到刘邦和项羽两个人的胸怀、志向和用人的差别。刘邦问大臣:"我为什么能取得天下?"高起、王陵认为有三个原因:

一是刘邦有远大的志向和宽广的胸怀,舍得与臣子分享利益。尽管陛下傲慢而且好侮辱别人,但攻城略地得到的地方都分享给了有功的将士,跟天下同享利益。项羽虽仁厚且爱护别人,但为人小气,独占所获得的利益。

二是刘邦选贤任能,用人之长。项羽却妒贤嫉能,看到有功的人就忌妒人家，看到别人有才能就怀疑人家，由于多疑，逼走了谋士范增。

三是刘邦赏罚分明。项羽赏罚不清，打了胜仗不给有功者授功，夺得了土地不给有功者利益。

高起、王陵的回答也没有错。但刘邦的回答却更为准确。刘邦认为就个人的专才来说，他不如手下的大臣。他说，如果说运筹帷幄，决胜于千里之外，我比不上张子房；镇守国家、安抚百姓、供给粮饷，保证运粮道路不被阻断，我比不上萧何；统率百万大军，战则必胜，攻则必取，我比不上韩信。但我为何能取得天下呢？这是因为这三个人都是人中的贤臣，我能够重用他们，这就是我能够取得天下的原因所在。刘邦能够慧眼识才、用人之长，给他们利益、信任，所以，他们才尽心尽才地为之效力，发挥各自的才干，从而打败了项羽。

项羽与刘邦相比，在识人、用人方面确实差了一截，项羽手下的大将英布、彭越等接连投奔刘邦，连最忠诚的谋士范增也被刘邦用计离间了，最后，众叛亲离，只好在乌江自刎而死。

《资治通鉴》对刘邦的识人、用人给予很高的评价，刘邦不是一个人在打天下，他是在下一盘棋，他任用韩信、彭越、萧何、张良这些谋士名将。这是刘邦成功的关键，也是他领导力的最高体现。

（二）治天下更要靠人才

俗话说：创业难，守业更难。打天下是打破一个旧世界，治天下是建设一个新世界。治天下有治天下的规律，更需要懂得治天下的人才。

古代的许多先哲都提出了"用贤才则天下治"的观点。战国时的墨子在《墨子·尚贤》中说：那些担负着治国理政重任的王公大臣们，不能不以任用贤能之士作为国家政务的根本任务啊。所以国家如果拥有众多的贤良之士，那么国家安定的基础就雄厚；如果贤良之士少，那么国家安定的基础就薄弱。所以为政者的根本任务，不是别的，只是大量地吸收和使用贤才而已。

三国时的诸葛亮在《便宜十六策·举措》中说："治身之道，务在养神；治国之道，务在举贤；是以养神求生，举贤求安。"他还说："若夫国危不治，民不安居，此失贤之过也。夫失贤而不危，得贤而不安，未之有也。"诸葛亮认为，治国的关键在于任用贤才。失掉贤人国家就会危亡，得到贤人国家就能安定。

宋代政治家、文学家范仲淹说："王者得贤杰而天下治，失贤杰而天下乱。"宋代哲学家、教育家程颢、程颐也说："天下之治，由得贤也；天下不治，由失贤也。"

唐代出现的"贞观之治"，在于有一批贤才将领活跃在政治舞台上，从而使国家安定、百姓安家乐业。唐太宗李世民具有很强的用贤政治的自觉意识和视才为宝的爱才情怀。《贞观政要·择官》记载：贞观元年（627），唐太宗对房玄龄等大臣说："治国的根本，关键在于审察官吏。根据才能授予适当的官职，务必精简官员。"唐太宗认为治国首先要治吏，要量才录用，并且精简官员，防止加重百姓的负担。贞观十三年（639），唐太宗又对身旁的大臣们说："能安天下者，惟在用得贤才。"在这里唐太宗强调用得贤才是唯一的办法。唐太宗还对宰相房玄龄、杜如晦说："公为仆射，当广求贤人，随才授任。此宰相之职也。比闻听受辞讼，日不暇给，安能助朕求贤乎！"唐太宗对他们说，宰相的职责最主要的是广求贤才，并根据他们的才能加以任用。听说你们每天受理诉讼案件，忙得一点空闲都没有，这怎么能够帮助我选拔贤才呢！于是，唐太宗下了一道命令：以后凡尚书省的具体事务，都交给下层官员去做，只有需要向皇帝报告的大事，才由宰相办理。这样，宰相就有足够的时间去关心选拔贤才的事了，工作有了很大的改进。

朱元璋视贤才为治国之宝，洪武六年（1373），《明史》卷七十一《选举三》中记载：朱元璋下诏书说："贤才不备，不足以为治。鸿鹄之所以能飞得又高又远，是因为它有羽翼啊；蛟龙之所以能够翻腾跳跃，是因为它有鳞甲啊；君主之所以能使国家实现大治，是因为有贤人辅佐他。如今在野人士中有德才优秀者，有关地方和部门要进行举荐，以礼相待，护送到京，我要任用他们，目的是实现国家大治。"

明末清初著名学者唐甄在《潜书·主进》中说："为政亦多务矣，唯用贤为国之大事。治乱必于斯，兴亡必于斯，他更无所于由也，一于斯而已矣。"意思是说：国家政务繁多，但只有用贤是头等大事。国家治乱的主要方法在于它，国家兴亡的主要原因在于它，除它之外没有别的原因。

为什么治天下也重在得人才呢？这是因为治国的方略，治国的制度以及治国的措施，最终都要靠人才去落实。人用对了，可以起到事半功倍的作用，否则，一切都会落空。

（三）安天下也要靠人才

国与国之间在未来的竞争中，人才是一个关键因素，当今世界正面临百年未有之大变局，其竞争、博弈、取胜之道，表面上看是经济实力、科技实力、文化实力、军事实力的竞争，实际上是人才的竞争。谁拥有高端的人才，谁就居主导地位。人才，是第一资源，也是第一生产力。

宋代政治家王安石在《材论》中说："天下之患，不患材之不众，患上之人不欲其众；不患士之不为，患上之人不使其为也。夫材之用，国之栋梁也，得之则安以荣，失之则亡以辱。"王安石在这里说：天下需要忧虑的事，不是人才不多，而是在上之人不希望人才众多；不是士人不想作为，而是在上之人不让他们有所作为。任用人才，就像为国家挑选栋梁，得到他们，国家就会安定而繁荣，失去他们，国家就会灭亡而受辱。

习近平总书记在 2018 年 7 月 3 日全国组织工作会议上指出："'盖有非常之功，必待非常之人'，要'聚天下英才而用之'，要'广开进贤之路，见贤思齐就蔚然成风'，要求全党都要树立强烈的人才意识，寻觅人才求贤若渴，发现人才如获至宝，举荐人才不拘一格，使用人才各尽其能。"习近平总书记的这一讲话高瞻远瞩，提出了如何识才、爱才、敬才、用才、育才的新思想、新论断和新要求，值得我们认真地领悟。

三、孔子是善于知人、用人的典范

刘劭在分析了人才对事业对国家的重要作用以后，又以孔子为例，为我们树立了一个善于识人、用人的榜样，希望人们加以效仿。《人物志·九征》说：

由此论之，圣人兴德，孰不劳聪明于求人，获安逸于任使者哉！

是故，仲尼不试无所援升，犹序门人以为四科，泛论众材以辨三等。又叹中庸以殊圣人之德，尚德以劝庶几之论。训六蔽以戒偏材之失，思狂狷以通拘抗之材，疾悾悾而无信，以明为似之难保。又曰：察其所安，观其所由，以知居止之行。

（一）圣人（孔子）善于识人、用人

圣人成就化育万物的德政，有哪个不是运用自己的

聪明去寻求发现人才，并且任用他们从而使自己获得安逸？

荀子说："人主者，以官人为能者也；匹夫者，以自能为能者也。"意思是说，做帝王的，以善于管理别人作为才能；普通人，以自己能干为有才能。西晋哲学家傅玄认为，能让士大夫忠于职守，服从命令；让诸侯国的君主分到土地并守住它；让朝廷三公总揽天下大事并参政、议政，那么天子就可以悠哉悠哉地坐在那里统治天下了。

尧帝可以说深知用人之道，他任命舜担任司徒，契担任司马，禹担任司空，后稷掌管农业，夔掌管礼乐，倕掌管工匠，伯夷掌管祭祀，皋陶负责刑狱，益负责驯化用于作战的野兽。这些具体的事物，尧一件也不亲自负责，悠然地只做他的王，而这九个人尽心尽力地做好自己的本分工作。这是为什么呢？正是由于尧了解这九个人各自的才能和长处，量才使用，让他们个个都成就了一番事业。尧凭借他们成就的功业而治理了天下。

（二）孔子善于总结、运用识人、用人的理论和方法

孔子虽然不能实现自己的政治理想，但他系统地总结了识人、用人的理论和方法，形成了独特的人才观。

孔子在周游列国时宣传自己的治国主张，虽处处受到冷遇，"累累若丧家之犬"，但他深谙用人之道，从《论语》的记载中可以看到孔子是一个知人善任的人。

第一，孔子提出了知人、用人是治国之本。《论语·颜渊篇》："樊迟问仁，子曰：'爱人。'问知，子曰：'知人。'樊迟未达，子曰：'举直错诸枉，能使枉者直。'"孔子的弟子樊迟请教什么是仁，孔子说："仁，即爱别人。"他又请教如何才算是明智，孔子说："明智，即了解别人"。樊迟不明白，孔子解释说："提拔正直的人，使他们位于邪曲的人之上，就可以使邪曲的人也变得正直。"

第二，孔子指出要善于识别表里不一的"两面人"。《论语·学而篇》："子曰：'巧言令色，鲜矣仁！'"孔子说："花言巧语，表情讨好热络，这种人很少有真诚的心意。"孔子在这里对善于花言巧语，谄媚奉承的人表示了厌恶和不信任，有的人确实这样，口蜜腹剑，笑里藏刀，《红楼梦》里的王熙凤就是如此，"粉面含春威不露，丹唇未启笑先闻"，但实际上是一个狠毒、势利、奸诈之人。孔子这句话的意思除了告诉我们花言巧语不可信以外，还要求我们观其言、察其行。

晋国的计然为避免迫害而逃出都城，途中经过他曾经任职过的县邑时，随从对他说："这里守城门的头头啬夫，是你的好友，何不在此住一夜歇歇脚，也等等后面的车子？"计然说："此处不可久留，这个啬夫靠不住。以前我爱好音乐，他便送我好琴；我喜欢各种佩戴之物，他便送我玉环。这个人很会投其所好，不惜用加重我过失的做法讨好我。我担心他会出卖我再去讨好他人。"计然一行没有停留，悄悄离开了这个地方。果然，不出所料，那个啬夫竟扣押了后面的两辆车子，献给了晋国的国君。

凡是想方设法投其所好的人，往往都带有功利的目的，当别人不能给他带来好处时，就会以牺牲别人为代价去换取更大的利益。计然是一个清醒的人，他明白啬夫巴结他是为了换取更大的好处，也料到有一天假如自己背了运，啬夫十有八九会牺牲自己去巴结别人。正是由于计然善于知人、识人，从而避免了一次灭顶之祸。

第三，孔子根据学生的天分把人才分为四类和三个档次。《论语·先进》："德行：颜渊，闵子骞，冉伯牛，仲弓。言语：宰我，子贡。政事：冉有，季路。文学：子游，子夏。"

孔子对其弟子都很了解，他们各有所长：德行优良者有颜渊等四人；言语杰出者有宰我、子贡二人；长于政事者有冉有、季路二人；熟悉文学者有子游、子夏二人。

孔子把人才分为三个档次，《论语·季氏》："孔子曰：'生而知之者上也，学而知之者次也，困而学之又其次也。困而不学，民斯为下矣。'"孔子认为：第一档次的人是生而知之的人，孔子肯定了人是有天赋的，有的人有慧根，比较聪明，这类人属于天才的人；第二个档次是学习之后就能明白的人，这类人为其次；第三个档次是遇到困难再去学习的人；而遇到困难还不肯学习的，是最下等的人，这类人可以不纳入人才之列。

第四，"中庸"作为"圣人三德"，提出了中庸的境界是最理想的追求目标，是"圣人三德"之一。《论语·雍也》："中庸之为德也，其至矣乎！民鲜久矣。"意思是说：中庸这种德行，实在是最高的境界了，可惜，很久以来人们都难以达到。《论语·先进》中孔子评价了他的两个弟子，子贡问："师与商也孰贤？"子曰："师也过，商也不及。"曰："然则师愈与？"子曰："过犹不及。"子贡请教孔子："师与商两个人，谁比较杰出？"孔子说："师的言行过于急躁，商则稍嫌不足。"子贡说：

"那么，师要好一些?"孔子说："过度与不足同样不好。"

第五，指出了六种不学无术之人的六种通病，以揭示偏才之失。《论语·阳货》："子曰：'由也，女闻六言六蔽矣乎?'对曰：'未也。''居! 吾语女。好仁不好学，其蔽也愚；好知不好学，其蔽也荡；好信不好学，其蔽也贼；好直不好学，其蔽也绞；好勇不好学，其蔽也乱；好刚不好学，其蔽也狂。'"意为孔子说："仲由，你听说过六种品德便会有六种弊病吗?"仲由说："没有。"孔子说："坐下，我告诉你。喜好仁德，却不喜好学问，它的弊病就会容易被人愚弄；喜好聪明，却不喜好学问，它的弊病就是游荡无根；喜好诚实，却不爱好学问，它的弊病就是伤害自己；喜好直率，却不爱好学问，它的弊病就是尖酸刻薄；喜好勇敢，却不喜好学问，它的弊病就是捣乱闯祸；喜好刚强，却不喜好学问，它的弊病就是狂妄自大。"

与此同时，孔子指出要警惕三种性格有缺陷的人。《论语·泰伯》篇："子曰：'狂而不直，侗而不愿，悾悾而不信，吾不知之矣。'"孔子的意思是狂妄而不直爽，愚昧而不忠厚，无能而不守信，这种人我不知道他是怎么回事。

第六，阐述了识人的基本方法。《论语·为政》篇中说："子曰：'视其所以，观其所由，察其所安，人焉廋哉？人焉廋哉？'孔子在这里指出了识人的三个方面：一是视。"视其所以"，就是看清楚他现在正在做什么事情，即所作所为。二是观。"观其所由"，就是观察他为什么要做这些事情，其动机是什么？三是察。"察其所安"，就是仔细地察看他的心安于何种状况，即他的目标追求。只要看清楚他过去、现在、未来的表现，分析他现在做的事情、动机、结果、目标、追求，那么，这个人怎么还能隐藏得住呢？

刘劭阐述了孔子的人才观，主要是为了证明他的人才理论是有依据的，表明了自己的写作动机。为此，刘劭说：圣人对人才的考查是如此的详细，所以我也就敢于不揣浅漏，依照圣人的教导，去研讨人才理论，希望使之系统完整以备忘，请知识广博的君子阅读指正。

第三讲　人才评价的主要标准

作为一名优秀的领导者，其才能主要表现在出主意、作决策和用对人，其主要职责是知人善任。而要做到"知人善任"，必须懂得什么是真正的人才。刘劭在《人物志》中分析了决定人才的主要因素，把人才分为全才和兼才两大类，即综合型人才和单一型人才。明白这两类人才的特征，有利于我们去发现和培养人才，同时，正确地使用偏才，让不同类型的人才在合适的岗位上发挥独特的作用。

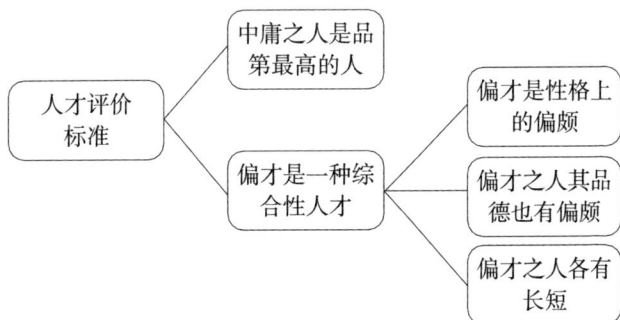

人才评价标准
- 中庸之人是品第最高的人
- 偏才是一种综合性人才
  - 偏才是性格上的偏颇
  - 偏才之人其品德也有偏颇
  - 偏才之人各有长短

一、中庸之人是品第最高的人

人才可以分为最高品第的人，这种人通常是指全才的人，通才之人，这种人虽然才华不是很突出，但最大的特点是"中和"。我们选择"一把手"，就是要选这样的人。那么，什么是中庸之人，中庸之人有何品性和表征，《人物志》给我们做出了解答。

《人物志·九征》："凡人之质量，中和最贵矣。"意思是说，在人的资质和能力中，各种情绪的表现与外界环境和谐一致可谓中和，中和是最珍贵的。

什么是中庸？"中"是体，"庸"是用，也有人说"中"是圆，"庸"是方。"中庸"就是把"中"的智慧用恰当、合适的方式表现出来。程颐说："不偏不倚叫作中，不变不更叫作庸；中是天下的正道，庸是天下的定理。"刘劭之所以把中庸之人认作最高品第的人才，主要有如下理由：

第一，中庸之人能够找准自己应当所处的位置。《中庸》说："喜怒哀乐之未发，谓之中；发而皆中节，谓之和。中也者，天下之大本也；和也者，天下之达道也。致中和，天地位焉，万物育焉。"每一个人都应该找准自己的位置，在什么样的位置，思考什么样的问题，发挥什么样的作用。正如《反经·文上》所说："知人者，王道也；知事者，臣道也。""君守其道，官知其事，有自来矣。"意思是说，知人是君王之道；知事是臣子之道，君王恪守君道，百官各司其事，自古就是这样。

作为君王的主要职责是什么呢？一是设立官位，分配职位；二是委任官员，监督责成；三是勤于谋略，不知倦怠；四是宽容大度，赢得民心；五是包容弊端，忍辱负重。君王不必事事躬亲。在现实生活中，凡是缺位、错位、越位的人，都不是中庸之人。

第二，中庸之人是性情平淡之人。刘劭把性格平淡作为中庸之人，这是过去人们很少提到的。这体现了一个人的心理素质，是一个人的"情商"的表现。"情商"与"智商"一样，都是人很重要的素养，但对于管理者来说"情商"比"智商"更为重要。

《人物志·九征》："中和之质，必平淡无味；故能调成五材，变化应节。是故，观人察质，必先察其平淡，而后求其聪明。"意思是说，中和这种素质，必然是平淡无味的，因其平淡无味所以能够调出仁、智、忠、信、勇五种品德，并不断变化以适应社会需要。所以观察一个人的素质，必然是先要考察他是否有平淡的素质，然后才寻求他的聪明。

《人物志·体别》："夫中庸之德，其质无名。故咸而不碱，淡而不䬴，质而不缦，文而不缋；能威能怀，能辨能讷；变化无方，以达为节。"意思是说，中庸之人的气质是无法用一个准确的名称去命名的。因为说它咸却没有碱土的苦涩，平淡却不是没有味道，看起来质朴无华却并非没有纹饰，看起来有纹彩却并非像五彩花纹的图案；能够威慑人也能安抚人，能言善辩又能少说话；变化多端没有常规，以通达事物为限度。

《人物志·九征》："是故，中庸之质，异于此类：五常既备，包以澹味，五质内充，五精外章。是以，目彩五晖之光也。故曰：物生有形，形有神精；能知精神，则穷理尽性。"意思是说，所以处事不偏不倚守常不变的资质，是和上述所说不同的。仁、义、礼、智、信五常的资质已经具备，外部用平淡来包装，五常的资质充实于内，五种精神表现在外，所以，目光神情发现五彩的光辉。所以说万物生来有它的形体，形体也有它的精神。能够深刻地了解精神，就把其中的道理和性情研究透了。

中庸之人的性格特征是平淡，是性格平和、心态平淡，具有亲和力的人，是能够包容不同性格的人，这种人是"和商"较高的人，他能够把不同性格的人团结在一起，同谁都可以和谐相处，因此，有人格魅力，有凝聚力，也有协调能力。

中庸之人具有融通的能力，善于辩证思考、通权达变，适时、适度地采取灵活的方式，经世致用。

中庸之人具有水的品格和潜能。正如《道德经》里所说的"上善若水"。"居善地，心善渊，与善仁，言善信，政善治，事善能，动善时。""水"的七种性格就是居处善于卑下，心思善于沉静，施与善于仁爱，言谈善于诚信，为政善于治理，做事善于达成既定的效果，行动善于选择合宜的时机。

"水"的品性，表现为具有百折不挠的毅力，穿越高山大海，勇往直前，越在寒冷的环境下，就越体现出坚如钢铁的特性，具有强大的聚合力。遇热化为气，气能聚力，力大无穷，具有包容的胸怀。水净化万物，滋养万物，无怨无悔地接纳万物，具有能屈能伸的风度。上化为雾，下化作雨，高至云端，低入大海，具有达济天下的精神，奉献所有，哺育万物，却从不索取，具有功成身退的谦逊品格，聚可万云结雨，化为无形之水；散可无影无踪，飘忽于天地之间。

三国时的刘备，谋略不高，武功平平，但他知人善任，至诚待人，信义为上。他说："举大事者必以人为本。"他求贤若渴，放低身段，"三顾茅庐"不厌烦，风雪严寒不嫌苦，用诚心、虚心打动了诸葛亮。他用人不疑，给人以充分的信任，对诸葛亮一直尊重、信任、言听计从，直至白帝托孤，始终如一。他讲忠义，与关羽、张飞桃园三结义，生死不渝。送别徐庶，"泪如雨下"。一见赵云，"便有不舍之心"。他待人厚道、至诚。救陶谦，陶谦让徐州而不受。进而西川，庞统、法正等屡劝袭杀刘璋而不为。他处处以仁、忠、信、义行事，表面看是一个没有心计的人，其实是大智若愚、大巧若拙，他所作的无非是为了体现他的亲和力，笼络人心。其实，他是一个胸有大志而不露锋芒的人，他投曹操"为韬晦之计"，是在等待时机，长坂怒摔阿斗是为得赵云之心，临终嘱诸葛亮"不可大用"马谡等都可以看到他的机变睿智。当时刘璋府下主簿黄权评价刘备说："宽以待人，柔能克刚"，正是由于他有极大的亲和力，有一帮谋士、大将心甘情愿为其效力，终于与曹操、孙权三分天下，建立了蜀汉政权。他正是刘劭说的先有平淡，而后有智慧的人。

第三，中庸之人是一个聪明的人，即具有才智的人。

刘劭认为知人，先看其平淡，然后看其聪明。《人物志·九征》："聪明者，阴阳之精。阴阳清和，则中睿外明，圣人淳耀，能兼二美，知微知章，自非圣人，莫能两遂。"聪明，是指耳聪目明，富有智慧、才华。聪，是能虚心兼听；明，是能明察秋毫。这段话的意思是说，聪明是人阴阳二气结合的精华，阴阳清纯和谐就会使人内心聪慧、外表敏锐，圣人之所以光彩耀人，是因为他同时具有聪慧敏锐两种美德，既能明察细微，又能洞悉宏观。这里讲的才华，最主要的是指有洞察力，高瞻远瞩，目光远大，既能把握好大势，顺势而为，又能着手于微观，见微知著，未雨绸缪，尽早做好长远的规划和近期的目标。

三国时的诸葛亮，具有惊人的智慧和超人的才能。他在动荡的时局变化中看到了机会并把握住了机会，得以施展自己的抱负和才华。他是一位聪明的智者，其"智"表现在：胸怀大志，高瞻远瞩，具有谋略和决策能力，隆中对定三分天下的战略；他通晓兵法，善出奇谋，博望坡出奇制胜，"空城计"瞒天过海，用奇谋"草船借箭"；他"七擒孟获"收服人心，施小计"三气周瑜"；他机敏过人，反应敏捷，满腹经纶，口才一流，下东关"舌战群儒"；他知将士之才，了解他们的脾气、能耐，用其能而避其短。把手下的将领分为：仁将、义将、礼将、智将、信将、虎将、骁将、猛将和大将。如杨戏虽然年轻，但他典刑断狱，说法决疑，"是为平当"，有"信将"之称，诸葛亮便任命他为智军从事。董恢能言善辩，机智机敏，有"智"将之能，是外交能手，诸葛亮就让他们去做说客，出使东关，以修盟好。鲁迅评价诸葛亮说："诸葛多智近乎妖。"这虽然是文学作品塑造的一个典型，但诸葛亮确实是一个智者，他在《诫子书》中说："非淡泊无以明志，非宁静无以致远。"充分体现了他中庸的性格特征。

第四，中庸之人是有德之人。即具有"五常"之德。刘劭把五体、五行、五德联系起来，把生理、物理和人品联系起来考察。《人物志·九征》说：

若量其材质，稽诸五物；五物之征，亦各着于厥体矣。其在体也：木骨、金筋、火气、土肌、水血，五物之象也。五物之实，各有所济。是故：骨植而柔者，谓之弘毅；弘毅也者，仁之质也。气清而朗者，谓之文理；文理也者，礼之本也。体端而实者，谓之贞固；贞固也者，信之基也。筋劲而精者，谓之勇敢；勇敢也者，义之决也。色平而畅者，谓之通微；通微也者，智之原也。

刘劭把五行、五体、五德联系起来，可以列成一个表：

五行	五体	五德	特质
木	骨	仁	弘毅，抱负远大、立志坚强
金	筋	义	勇敢，不畏艰难、性格决断
火	气	礼	文理，行止合宜、有条不紊
土	肌	信	贞固，操守信诺、坚定不移
水	血	智	通微，通晓事理、洞察细微

其实，五行之气，决定了人的性格才能的不同特点。任嘏《道论》说："木气人勇，金气人刚，火气人强而躁，土气人智而宽，水气人急而贼。"五行体质与五种性格具有一定的关系，先后派生出五种品德。《人物志·九征》：

五质恒性，故谓之五常矣。五常之别，列为五德。是故：温直而扰毅，木之德也。刚塞而弘毅，金之德也。愿恭而理敬，水之德也。宽栗而柔立，土之德也。简畅而明砭，火之德也。

"五质"与"五德"的对应关系，可以见下表：

五质	五德的特质
木	温直而正直
金	刚健笃实而宽宏坚毅
水	忠厚诚实而谨慎恭敬
土	宽宏大量、小心谨慎、有办事能力
火	爽快刚直而又明于事理

刘劭讲的"五行"影响"五德"的观点，也许有一定的关系，但缺乏科学的依据，并非一种必然的联系，也并非一个决定的因素，如果说性格是先天的，而道德则是后天养成的。这里指出了中庸之人必须具备"五德"之人，是"德全之人"。

为此，他在《人物志·九征》中说："是故，中庸之质，异于此类：五常既备，包以澹味，五质内充，五精外章。是以，目彩五晖之光也。故曰：物生有形，形有神精；能知精神，则穷理尽性。"意思是说：处事不偏不倚寻常不变的资质，是和上述所说不同的。仁义礼智信五常的资质已经具备，外部用平淡来包装。五常的资质充实于内，五种精神在外，所以目光神情发现五彩的光辉。所以说万物生来有它的形体，形体也有它的精神。如果能够洞见其精气和神韵的奥妙，便能揭示人性的本质所在。

舜可以说是一个有大德的人。《史记·五帝本纪第一》记载，尧帝物色接班人，大家推荐虞舜，但他并不放心，于是尧帝为了观察舜在家的德行，便把两个女儿嫁给了舜，并让九个儿子和他共处来观察他在外的为人。舜在历山耕作，历山人都能够推让地界；在雷泽捕鱼，雷泽的人都推让便于捕鱼的位置；在黄河岸边制作陶器，那里就不再生产出次品。一年的时间，他住的地方变成了一个村落，两年就成为一个小城邑，三年就变成大都城了。尧帝还试用舜理顺五种伦理道德和参与百官的事，他都干得不错。经过考察，尧认为舜的德才是可以胜任首领之职，于是让位于舜。

舜继位后，知人善任，他让十二州牧发扬光大尧帝的功德，办有大德的事，疏远巧言谄媚的小人，任用二十二个贤德的人治理天下，他每三年考核一次功绩，经过三次考核，升迁或贬黜均以功绩为依据，结果二十二个人功成业就：担任大理的皋陶，掌管刑法，断案公正，人们都佩服他能按情据实断理；主持礼仪的伯夷，使得上上下下都能够礼让；担任工匠统领的倕，主管百工，百工都能做好自己的工作；主管山林鸟兽的益，山林湖泽都得到开发；主管农业的稷，百谷按季节茂盛生长；主管教化的契，百姓都亲善和睦；主管礼仪的龙，远方的诸侯都来朝贺。舜帝用人得当，发挥所长，各司其职，将天下治理得井井有条。

二、偏才之人的基本特质

中庸之人是通才，是一种综合型的人才，这种人才可以作为主帅，用今天的话来说适合做"一把手"。但这类人才是比较少的，大部分的人是专才，刘劭把这类人才称之为偏才，这类人才一般是充当"配角"，为此，刘劭用较大的篇幅讲偏才的特质，并对偏才作了分类。刘劭主要是从性格和品德两方面去分析偏才的。

首先，偏才是性格上的偏颇。《人物志·九征》说："然皆偏至之材，以胜体为质者也。故胜质不精，则其事不遂。是故，直而不柔则木，劲而不精则力，固而不端则愚，气而不清则越，畅而不平则荡。"

刘劭认为偏颇型人才，是由于体内某种素质过于突出造成的。如果某种素质既突出，又不完善，就属于一事无成的不良材质，而不属于人才之列了：耿直而不兼具柔和则表现为质朴木讷，刚劲而不兼具精致则表现为倔强，固执而不兼具端正则愚懋，心气充盈而不清爽则表现为狂妄，血色通畅而不平和则表现为放荡。

其次，偏才之人其品德也有偏颇。《人物志·九征》说："三度不同，其德异称。故偏至之材，以材自名"。意思是说，如果"九征"并不完善，就属于偏才或杂才。从品质上看，人才可以划分为三个档次，一是只具备一种好品质的人才，根据自身材质的突出特点而获得相应的名号；二是兼有数种好品质的人才；三是兼备了各种美德的全才之人。

最后，偏才之人的不同气质，各有长处和短处。《人物志·体别》：

是以抗者过之，而拘者不逮。夫拘抗违中，故善有所章，而理有所失。是故：厉直刚毅，材在矫正，失在激讦。柔顺安恕，每在宽容，失在少决。雄悍杰健，任在胆烈，失在多忌。精良畏慎，善在恭谨，失在多疑。彊楷坚劲，用在桢干，失在专固。论辨理绎，能在释结，失在流宕。普博周给，弘在覆裕，失在溷浊。清介廉洁，节在俭固，失在拘扃。休动磊落，业在攀跻，失在疏越。沉静机密，精在玄微，失在迟缓。朴露径尽，质在中诚，失在不微。多智韬情，权在谲略，失在依违。

刘劭在这里分析了十二种不同性格的偏才，他们各有长处，也存在缺陷。他说：偏才之人的气质，或过于亢进，或过于拘谨，都不能达到和谐的中性，所以既有长处，又有短处，表现为得失分明。这十二种偏才，从性格上划分，可分为外向型和内向型。

现代心理学的人格理论学者荣格，划分了两种类型的人格，一种是外向型人格，以能言善辩、精力充沛、主动交往为标志；另一种是内向型人格，以木讷寡言、萎靡不振、疏于交往为特征。刘劭在《人物志》中讲的阳型人格就是外向型人格，阴型人格就是内向型人格。两者是一致的。阳型人格的特征是抗，即亢奋；阴型人格的特征是拘，即拘谨。这两种性格人才的优、缺点主要有：

（一）阳型人格（外向型人格）类型的优、缺点

1. 刚毅型

严厉耿直、刚正不阿的人。这类人才的优点在于打

击邪恶，纠正失误，缺点在于激烈地攻击别人的短处。

性格坚毅刚直的人，矫正邪恶，攻击别人不留情面，容易招来怨恨，结果或者遭人陷害，或者遭人打击，往往不能善终。北宋的功臣寇准便是其中的一位。

北宋著名政治家，参知政事寇准为人耿介，直言快语，表现出他对江山社稷的责任，对国家民族的忠诚，但他全无城府，说话毫无顾忌，令人下不了台，必然容易结怨。

寇准任宰相时，丁谓担任副宰相。丁谓是一个喜欢"拍马屁"的人，有一次他当众为寇准擦拭胡须，遭到了寇准的奚落，他便怀恨在心，向宋真宗告黑状，诬告寇准拉帮结派，结成朋党。宋真宗轻信了丁谓的话，罢了寇准的官，任命丁谓为相。

丁谓大权在握以后，找了借口，把寇准贬往雷州为官，最后客死他乡。寇准是一个正直的官员，性格强悍，当他权势正隆时，豪气十足，颐指气使，不知不觉引起了他人的猜忌、中伤、打击。有的时候给他人留面子，也是给自己留路子。即使不喜欢他人的奉承话和行为，也要把话说得委婉些，把事做得圆滑些，防止结"仇"，招来横祸。

2. 雄悍型

雄健有力强悍的人。这类人才的优点在于勇敢刚烈，缺点在于有所猜忌。

3. 刚愎型

刚直坚强的人。这类人才的优点在于有主心骨，不随波逐流，缺点在于固执专断、自以为是。

刚愎自用的人不仅对批评充耳不闻，而且对良言忠告更无兴趣，甚至认为是对自己的冒犯，而对于忠良加以打击。明朝最后一位皇帝崇祯朱由检就是这样的一个人。

崇祯帝可以说是一个尽心尽职、严于律己、勤俭节约、发奋努力的皇帝，但同时也是一个刚愎自用、一错再错的皇帝，登上皇位不久就一举铲除魏忠贤的同党使得他从自信变得自负，最后发展到刚愎自用，我行我素。他寄望所谓"爱国青年团体"复社，用卑鄙手段搞垮了实干派首辅薛国观，而用庸碌贪婪的周延儒取而代之。等到发现其不可靠时，又频繁撤换大臣，甚至不惜大开杀戒。他在位 17 年撤换了 50 位内阁大学士、14 位兵部尚书，被杀死或自杀的大臣多达 11 人，以至于朝中人人自危，噤若寒蝉，惶惶不可终日。特别是他听信谗言、冤杀著名将领袁崇焕而导致边关危机。结果，导致偌大一个大明朝一时竟无可用之人。最后，成为一个亡国之君。

4. 交际型

交际广博能与各种人相处的人。这类人才的优点在于宽宏大量，容纳众人，缺点在于交往混杂、好坏不分。

5. 磊落型

行为善美、光明磊落的人。这类人才的优点是向上攀登，建功立业，缺点在于疏忽遗漏。

6. 率直型

质朴率直全部显露的人。这类人才的优点是内心坦荡真诚，忠贞不渝，缺点在于不善于隐藏自己。

以上六种类型的偏才以刚直、强健为主，这种类型的人有主见、有决断、有自信，但由于柔软度不够，缺乏灵活性、韧性、耐性。正如刚直的木材一样，刚中有柔才不容易折断。这也就是这类偏才的优缺点。

（二）阴型人格（内向型人格）类型的优、缺点

1. 温和型

柔顺安稳、宽以待人的人。这类人才的优点在于宽厚、容忍、谦让，缺点在于缺少决断。三国时的袁绍就

是一个优柔寡断的人。

　　从《三国演义》所刻画的形象中可以看到，袁绍用人待士，轻才德而重家世，色厉胆薄，好谋无断，干大事而惜身，见小利而忘命。小说第二十四回写曹操东征刘备，谋士田丰谏袁绍发兵乘虚偷袭许昌，这是一个十分难得的机会，而袁绍以担忧幼子患"疥疮"之疾拒绝，终于错失良机。

　　《三国志·荀彧传》中关于荀彧评价袁绍与曹操的记载：袁绍这个人貌似宽容而内心狭隘，任用人才却疑心太重；而您（指曹操）明正通达，不拘小节，唯才是举，唯才是用；这在度量上就胜过了袁绍。袁绍遇事迟疑犹豫，少有决断，往往错过良机；您能决断大事，随机应变，不拘成规；这在谋略上胜过袁绍。袁绍军纪不严，法令不能确立，士兵虽多，却不能巧为任用；您法令严明，赏罚必行，士兵虽少，却都奋战效死；这在用兵上胜过袁绍。荀彧十分深刻准确地分析了曹操与袁绍的德才和弱点，结果正如荀彧分析的那样，曹操打败了袁绍。

　　2. 谨慎型

　　精明善良、小心谨慎的人。这类人才的优点在于谦恭有礼，缺点在于疑虑过多。

3. 清高型

孤傲耿直、廉洁自持的人。这类人才的优点在于节俭并固守本分，缺点在于拘谨自闭、拘泥而不知变通。

4. 深沉型

深沉不语，内有心计的人。这类人才的优点在于微妙玄远，缺点在于迟疑缓慢。

5. 深算型

足智多谋，老谋深算的人。这类人才的优点在于灵活、善用计谋韬略，缺点在于左右依违、犹豫不决。

6. 善辩型

能言善辩，长于分析的人。这类人才的优点在于善于释疑解难，缺点在于飘浮散漫。

这类人才的特点是柔和，但过于柔和，往往缺乏决断。俗话说："人善被人欺，马善被人骑。"过于柔和，不利于树立自己的权威，容易左右摇摆，没有主心骨，这类人才不宜作决策者，适宜当"配角"。

第四讲　人才的辨识和鉴别

当我们明白了什么是真正的人才以后，就要辨才识才。古代先贤都认为知人、识人很难。孟子曾经对齐宣王说过："左右皆曰贤，未可也；诸大夫皆曰贤，未可也；国人皆曰贤，然后察之；见贤焉，然后用之。"又说："左右皆曰不可，勿听；诸大夫皆曰不可，勿听；国人皆曰不可，然后察之，见不可焉，然后去之。"孟子在这里指出辨识一个人不能单凭他人的结论，而要亲自加以考察，只有"观望实而后资考"，才能识其真实之貌，不为假象所迷惑。所以，《资治通鉴》卷 29 记载："德必核其真，然后援其位；能必核其真，然后授其事；功必核其真，然后授其赏；罪必核其真，然后授其刑；行必核其真，然后贵之；言必核其真，然后信之；物必核其事，然后用之；事必核其真，然后修之。"如何做到真实、精准地辨识人才，成为人才工作的一个新课题。为此，刘劭在《人物志》中提出了辨识和鉴别人才的方法，为我们考察人才提供借鉴。

一、真实、客观、准确鉴别人才十分困难

刘劭在《人物志》中用"效难"概括了人才选拔的难度。《人物志·效难》说："盖知人之效有二难：有难

知之难，有知之无由得效之难。"刘劭在这里指出，认识人才并取得效果有两个难点：一个是认识人才本身的难处，另一个是认识了人才而没有检验的具体标准的难处。

为什么知人很难？刘劭讲了几大原因：

一是人物精微。《人物志·效难》说："人物精微，能神而明，其道甚难，固难知之难也。"意思是说，人的才智是无形无状，奇异精妙的，能够深入他的精神世界进而了解他的才智，这本身是一件非常困难的事。识人不能只看外表，也不能只看一时。

白居易在《放言》一诗中曰："朝真暮伪何人辨，古往今来底事无。但爱臧生能诈圣，可知宁子解佯愚。"意思是说，古往今来，什么样的怪事没有出现过？有的人早晨起来还装得道貌岸然，俨如君子，到了晚上就暴露了全部假象。春秋时的臧武仲，被当时的人视为圣人，实际上是要挟君主的奸诈之徒；宁武子本是贤才智士，却偏偏佯装愚钝。世人为假象所蒙蔽，不辨真伪，混淆贤愚，实在是可悲可叹！

选人是用人的前提，错识人必然用错人。但鉴别人才比鉴别物品更为困难。这是因为人是一个最复杂的精灵，有思想，有性情，有才华，这些都不是能用肉眼一下子作出判断的。今天我们对人才的考察通常是以德、能、勤、绩、廉这五个方面作为主要内容，但这五个方面又缺少量化的、可操作性的指标，因此，对人才的考察往往停留于表面，且带有强烈的主观色彩。

二是审察人才的方法不够完备。《人物志·效难》说："是以众人之察，不能尽备；故各自立度，以相观采：或相其形容，或候其动作，或揆其终始，或揆其拟象，或推其细微，或恐其过误，或循其所言，或稽其行事。八者游杂，故其得者少，所失者多。"意思是说，审察人才的人各自确立了自己的标准，以此来对人才进行观察和使用。有的看人的外貌；有的观察人的举动；有的揣度他的出发点是否正确；有的揣度对他拟想的形象，有的审察他的细微之处；有的忽略他的过失和错误；有的听取他的言论话语；有的考察他做事的效果。上述八种做法是杂乱没有系统的，所以审察任用人才上所得者少，所失者多。

三是人之德才往往表里不一，名实不符。常常外拙内秀而寓奇才，貌似精明却又未必有真才实学。即使是众口一词，褒誉有加，也可能是徒有虚名。《人物志·

效难》说："故其接遇观人也，随行信名，失其中情。故浅美扬露，则以为有异。深明沉漠，则以为空虚。分别妙理，则以为离娄。口传甲乙，则以为义理。好说是非，则以为臧否。讲目成名，则以为人物。平道政事，则以为国体。"意思是说，草率地相信外表会产生失误，也会产生因所用人才地位或职位的变化与内心不一致的谬误。观察人才的时候，轻易地相信他的行为和名声，不掌握他内心的实际情况，必然会产生误判。例如：心智肤浅而张扬外露者，却被认为奇异之才。心智深邃、内心明白而不外露者，却被认为空洞无物。辨析事理而虚无缥缈者，却被认为洞察秋毫。高谈阔论而实为学舌者，却被认为精通义理。评判是非而善恶不明者，却被认为激浊扬清。分辨贤能而妄下结论者，却被认为是知晓人物。妄加评论国家政事而虚有其表者，却被认为是国家栋梁。

　　以上都是轻率地、片面地辨识人，不能全面地、科学地去识别人。这自然也是受表面现象所迷惑。

　　四是选拔人才者由于受主观偏好、学识和水平的影响，往往难以做到客观、公正、准确。《人物志·七缪》中说："夫爱善疾恶，人情所常。""以其所是，顺己所长，则不自觉情通意亲，忽忘其恶。"刘劭认为喜欢美善疾恨丑恶，这是人之常情。由于人有主观的偏好，总会对与自己品性相同的人给予肯定。与自己爱好、情趣、品性相合，就会自觉不自觉地心意相通，而忽视了他的缺点和不足。美善的人虽然有很多长处，但假如与自己的志趣相悖，也会视而不见。这是由于审察人才时容易被自己的喜爱和厌恶所迷惑，这种现象是很常见的。有的人只要是自己喜欢的，总是能看到对方的优点，即使是缺点，也会视而不见，甚至把缺点当作优点。选人者以己意为人意，以己心为他心，作出的判断往往会出错。刘劭讲的这种现象，在现实生活中仍然屡见不鲜。由于受选人者自身的价值观、道德观、审美观的影响，选拔人才时会出现两种情况：第一种是"酒逢知己型"，就是发现对方的诸种观念和行为与自己相同，自然产生好感，越看越顺眼，就像自己的孩子和文章一样，一俊遮百丑。第二种是"话不投机型"，由于对方的观念、态度和行为方式与自己不同，自然产生一种讨厌心理，从而作出负面的评价。这两种现象都会对人才的评价作出错误的判断。针对这种通病，刘劭要求领导者首先要放下自己的标准，不要戴着"有色眼镜"去看人，走出知己知人的盲区，这样才能突破主观片面的樊篱，发现真正的人才。

二、从言行去辨识人才的性格、品德、才能

人才的鉴别关键在于"辨伪"，这就要求不仅要从言行去看人，不能以言取信、以貌取人，而且要探求其行为动机，"非天下之至精，其孰能与于此"，假如不辨伪，就可能"失其真"；假如对其真情而不信，就可能"失其贤"。为此，必须多角度地鉴别，把言与行、行与由、由与果联系起来考察。从人的善恶、情感、声誉、品质、行事动机、爱敬对象、欲望、缺点和聪慧等方面来判断其高下，决定其能否担当大任。

刘劭在《人物志》阐述了观察人才的八种方法，不但透彻精辟，而且具有可操作性，今天仍具有借鉴意义。

《人物志·八观》说："一曰观其夺救，以明间杂。二曰观其感变，以审常度。三曰观其志质，以知其名。四曰观其所由，以辨依似。五曰观其爱敬，以知通塞。六曰观其情机，以辨恕惑。七曰观其所短，以知其长。八曰观其聪明，以知所达。"刘劭的这"八观"，继承了前人的理论，《逸周书·官人解》提出了观诚、考言、

听声、察色、观隐、揆德的知人法。《吕氏春秋·论人》提出了人才观、六验、六戚、四隐的知人法。下面分别对"八观"作一些介绍。

观其行为，识其品质

观其反应，识其态度

观其气质，识其名声

观其动机，识其行为

言行辨识法

观其态度，识其情感

观其情绪，识其心地

观其短处，识其长处

观其智商，识其成就

（一）观察其善恶行为，以识别其品质

什么是"观其夺救，以明间杂"呢？刘劭作了进一步的阐述："夫质有至有违，若至胜违，则恶情夺正，若然而不然。故仁出于慈，有慈而不仁者。"人的品质是有善恶之分，如果善良的本质不能战胜邪恶的本质，会

使人总体上发生本质的改变。仁爱产生于慈悲之心，然而有些慈悲却不能仁爱；仁爱者应当会救助他人，然而有些仁爱者却不肯救助他人。这是由于吝啬或者恐惧的本性压倒了仁爱。刘劭在这里说观察一个人在救助他人时的表现，可以看出一个人的本质。当他人处于危难的时刻，是否挺身而出、见义勇为最能体现一个人的本质，如果毫不犹豫、尽自己之力，这个人是善良的；相反，如果无动于衷、冷漠旁观则是邪恶的。

《三国演义》中的吕布武艺超群，但缺乏仁爱和忠诚，为人反复无常，贪恋钱财美色，"有奶便是娘"。应该说吕布是一个品质极差的人，人称"三姓家奴"。

他早年投奔丁原，丁原器重他的武功，忽视了他的德行。结果，董卓略施小恩小惠，赠马送金很快就收买了他。吕布利欲熏心，杀害了恩人丁原。王允了解吕布"好色"的弱点，将貂蝉许配给他，用反间计挑拨了他与董卓的关系，吕布又把"义父"董卓杀了。

可见，有武功而无武德，心地残忍的人，即使对方是恩人、义父也照杀无误，这样的人是很可怕、可鄙的人。

　　刘劭在这里讲的是道德心理学的道理。从道德认知到道德行为有一个转换的阶段。有的人有仁慈之心，并不等于是一个仁慈之人。在仁慈与贪婪两种品性之间，主导地位不同作出的道德选择是不一样的。有人说，人一半是天使，一半是魔鬼，人心中的善恶往往是此消彼长的，为此，应当"察其所救"，从其行为中观察他的品德，这强调了观人"以德为先"的标准，又强调重在观察其行为。

　　（二）观察他对外部世界变化的反应，以窥见其平常处世的态度

　　什么是"观其感变，以审常度"呢？刘劭认为人们往往把真实情感隐藏得很深，但其谈吐神色是其内心世界的反映，通过观察其说话的意图和回答是否得当，可以观察他的反应能力，即情商的高低。比如观察他们的回答是否得当，就可以从中评价其智力。他在这里主要讲观察其言谈，比如语言是否条理清晰，回答是否得当，反应是否敏捷，见解是否深刻。他认为事物还没有形成就先认识到，是圣贤；追求思索深奥玄妙的道理，是智者；认识事物的能力超过别人，是英明；心里明白但常表现出不足，是机智；极细小的事物也能看到，是精妙；

对美好奇妙的事物昭然明了，是疏朗。这是从观察一个人的言谈开始，进而观察其举止，判断其反应能力、洞察力，判断其情感、心态和能力。刘劭在这里分析了十四种人格。包括：①率直型：发言主旨清晰、正直、坦率；②深思型：不善言辞，内心玄妙；③融合型：明辨是非，说理透彻；④超凡型：富有远见，见解独到；⑤聪慧型：悉知端倪，通晓前因后果；⑥大智型：深晓世事，又不轻易表露；⑦玄妙型：见微知著，洞察入微；⑧通达型：事事不昧，掌握通透；⑨实力型：经验丰富，掌握能力超强；⑩虚有其表型：表面附和，曲意奉承；⑪自我吹嘘型：自夸自赞，实力不足等。

除了从语言表达上去观察外，也要观察其对别人意见的反应，这可以看出一个人的情绪变化和性格特征。

（三）观察他的志向和气质，以了解他将获得的名声

什么是"观其志质，以知其名"呢？刘劭认为品质正直、气质清正，就会产生美好的名声。一个人的志向决定了一个人事业的大小，目标远大，胸怀宽广的人，往往都能干大事业。一个人的动机，往往决定了他的工作动力，有了动力，加上清正的品格，强劲的智力，就能产生美好的名声。具备刚劲、聪慧、精明、条理四种

品质，就能获得"能力出众"的名声，具备智慧、正直、坚强、忠实四种品质，就会获得"堪当大任"的名声。

（四）观察他的行为表现的缘起，以此来辨别两种近似行为的区别

什么是"观其所由，以辨依似"呢？观察一个人往往会出现一种似是而非的情况，这并不能说明其本质。比如批评他人的过错，有的是直率，有的则是恶意攻击，这就要区分出指责之人的动机。如果是由于爱护、关心，这是值得敬佩的，但如果是出于歧视、中伤，则是小人。这种似是而非的现象很常见。

《人物志·八观》："大权似奸而有功，大智似愚而内明，博爱似虚而实厚，正言似讦而情忠。"在这里要警惕两种现象：

一种是"似是而非"："轻诺似烈而寡信，多易似能而无效，进锐似精而去速，诃者似察而事烦。"这就是轻易承诺，好像刚直勇决而实质上缺少诚信。常常轻视别人，好像很有能力但却一事无成。急功近利，好像是很精明能干但放弃得也快。动辄斥责别人，好像明辨事理，实际上使事情更加烦乱。假意施与，好像是施惠于人实际上并没有结果，表面顺从，好像很忠诚而背后却不执行。

另一种是"似非而是"："大权似奸而有功，大智似愚而内明，博爱似虚而实厚，正言似讦而情忠。""似非而是"的现象，表面上看似乎恶劣而实际上却品质优良：如掌握朝政的大臣，表面上看好像奸诈而实际上能为国立功；有大智慧的人，表面上看好像愚钝而实际上明察秋毫；广施仁爱的人，表面上看好像虚浮而实际上淳朴敦厚；直言相劝的人，表面上看好像苛刻而实际上是真诚。

观察"似是而非"的种种现象，需要我们透过现象看本质，这就要提高洞察力，鉴别那些类似偏才的"假冒货色"。

（五）观察他对爱和敬的态度，以此知道他与别人情感交流方面是通畅还是阻塞

这是观察一个人的沟通能力，也即"和商"。什么是"观其爱敬，以知通塞"呢？刘劭认为，观察一个人的处世方式，最主要看他的"爱"和"敬"。《孝经》说："居则致其敬，养则致其乐。"把爱作为最高的道德标准，把敬作为最重要的行为准则。《易经》把天人合一作为为人之德，以谦逊作为为人之道。《礼经》以敬为礼之本。《乐经》把爱作为主旨。这是因为，有了爱和敬的诚心，就顺应了宇宙间最根本的道德规律，就能与他人和谐相处。

尽管爱和敬都十分重要，但爱的成分不能少于敬。恭敬作为人际交流方式，容易使人严肃而保持距离，如长辈和晚辈之间，上下级之间往往是出于恭敬和顺从，最后必然疏远。而爱作为人际交流方式，其亲切热忱的情感会深深地感动人，人与人之间会越来越融洽。观察一个人爱与敬的程度，便可预知其处世境况是顺利还是阻塞。

在处理好上下级的关系中，下对上要敬，遵从礼仪规范；上对下要关爱。爱能使上下齐心，彼此同力；敬能够严肃礼节，端庄举止。有爱无敬，不足以建立权威；有敬无爱，又难以抚慰人心。敬爱双重，爱大于敬，既得人心又不乱纲纪，团结人心，众志成城，无往而不胜。

（六）观察他的情绪变化，以知道他对别人宽恕和疑惑

什么是"观其情机，以辨恕惑"呢？刘劭认为，人

通常有六种情绪：欣喜、怨恨、厌恶、喜悦、忌恨、妒害。这六种情感变化的枢机，可以归结为意图居他人之上。所以君子待人接物时，即使受到冒犯也不会计较，而小人却不是这样。通过考察人的情感变化，就可以知道他的心地是善良还是卑劣。

（七）观察他的短处，以此知道他的长处

什么是"观其所短，以知所长"呢？刘劭认为偏才之人的性情，都有他的短处。正直者的缺点，在于语言激烈攻击他人。刚强者的缺点，在于严厉。温和者的缺点，在于懦弱。清高者的缺点，在于拘泥。短处和长处是相辅相成的。虽然说，有的短处未必能变成长处。但有长处的人，必定伴有短处。所以，反观其特有的短处，就能知道他的长处。

（八）观察他的聪明程度，以此知道他将能成就多大的功业

什么是"观其聪明，以知所达"呢？聪明是指一个人的"智力"即"智商"。刘劭强调以德率才，但没有"智"的辅导，"德"也无从读起。他认为，仁是道德的根基，义是道德的法度，礼是道德的文饰，信是道德的支柱，智则是道德的统帅。

智慧产生于洞察力。洞察力越强，眼光就越远大。当多种美德独立发挥作用时，"智"的意义尤为重要。当多种美德综合发挥作用时，聪明智慧则处于统帅地位。以才智统帅仁慈，则恩泽无不遍及；以才智统帅义勇，则战无不胜，以才智统帅道理，则无所不通。如果没有聪明，就失去了通向成功的道路。由此可见，观察一个人的聪明才智程度，就可以知道他所能达到的人才层次。

古代先贤也总结了识人的办法。李悝是战国初期魏国的丞相。国君魏文侯请李悝为他挑选的两位宰相候选人提出裁决意见。李悝提出了"识人五法"供魏文侯参考：

第一，居视其所亲安。即观察其日常的衣食住行，看他安于何种生活方式，如果安于清贫，则可重用，若贪图享乐，就不可重用。

第二，富视其所与。即看他如何使用自己的财富，如只满足自己的私欲，贪图享乐，则不能重用，如接济穷人，或培植有为之士，则可重用。

第三，达视其所举。一个人处于显赫之时，就要看他举荐什么样的人，若任人唯贤，则是良士真人，反之，则不可重用。

第四，贫视其所不取。即困窘之际看他做事是否不择手段，人在贫困潦倒之际也不取不义之财，则可重用，反之，不可重用。

第五，窘视其所不为。当一个人处于困境时，就要看其操守如何，若不做苟且之事，不出卖良心，则可重用，反之，则不可用。

李悝的"五视"法，就是通过观察别人在生活、工作上的表现，观察别人处于富贵、贫穷时的不同处世态度和行为来了解他人。

诸葛亮也提出了观人的七种办法：在《将苑·知人性》中说："知人之道七焉。一曰，问之以是非而观其志；二曰，穷之以辞辩而观其变；三曰，咨之以计谋而观其识；四曰，告之以祸难而观其勇；五曰，醉之以酒而观其性；六曰，临之以利而观其廉；七曰，期之以事而观其信。"

明代陈继儒的《小窗幽记》是中国最传统、最具影响力的为人处世经典之一，书中提及可从四个角度去判断人的品性。

首先是"大事难事看担当"，这主要是看一个人是否有责任感，有没有担当的勇气。特别是作为第一把手，更要有担当、负责的勇气。相反，如果凡事推诿、退缩，将会失去向心力和亲和力。

其次是"逆境顺境看襟度"，这主要是看一个人的胸襟气度和毅力、意志。一个人身处逆境不丧失希望，不怨天尤人，能屈能伸，不屈不挠。一帆风顺之时不得意忘形，不忘初心使命。拥有如此的胸怀，才会天高地阔，心容万物。

再次是"临喜临怒看涵养"，这主要是看一个人对情绪的管理能力。有人临怒而自制，也有人因怒而拔刀；有人闻喜而淡然，也有人闻喜而轻狂。有涵养的人，有容乃大，忍一时之气，会收获意外惊喜。而缺乏自制力的人，狂喜之时便心神失守，行为轻狂失度。

最后是"群行群止看识见"，这主要是看一个人在与集体相处时的言谈举止，从而于其中判断其对人事的见解和认识。在人群之中，有人人云亦云，亦步亦趋，也有人口无遮拦，信口开河。一个人无主见，则缺乏自信，一个人话太多，则不稳重。

《小窗幽记》中的"四看"，反映了一个人立身处世的四大品性。也可以作为识人的方法。

总之，刘劭认为准确赏识人才十分困难，常用的观察方式多种多样，有观察形体容貌，有研究行为举止，有注重始终如一，有窥探意向动机，有探讨微妙情感，有留心过失错误，有听取言谈话语，有考核事业成绩。但这种考察如果仅在短时间内进行是很难准确的。为此，必须对考察对象进行长期观察以便窥见其真相。刘劭在《人物志·效难》中说："故居视其所安，达视其所举，富视其所与，穷视其所为，贫视其所取。然后乃能知贤否。"意思是说，平常时，看他安心干什么；发迹时，看他所举荐的人；富裕时，看他施与别人财物的多寡；潦倒时，看他的节操；贫穷时，看他索取是否正当。通过这一系列的观察之后才能知道他真正的思想品德和才能。

有的人的性格、品德、志趣会随环境的变化而变化。有的人的志向还没达到就因欲望的诱惑而发生改变，有的人得志之后却纵欲而为，有的人处于穷困潦倒却努力行动。为此，考察人才既要知道他的性情，又要考察他的变化，这样才能全面、准确、客观。

三、用察"神"观"形"去鉴别人才的性格与气质

人才的品鉴要以神为主，神形并重，以区分正和邪，

清与浊。

观察一个人的"神"可以辨别他的忠与奸，贤与愚，一个人的"精神"，发自于人的心性品质，集中表现在面部，尤其是眼睛。

一个人的"形"是一个人的性格，是质的表现。与"神"互为表里。"神"蕴含于内，"形"则显于外，"神"以静为主，"形"以动为主，"神"是形之源，"形"是神之流。为此，观人要神形结合。

刘劭在《人物志·九征》中说："虽体变无穷，犹依乎五质。故其刚、柔、明、畅、贞固之征，着乎形容，见乎声色，发乎情味，各如其象。"意思是说，虽然人的品性和性情变化无穷，但其变化仍以五物的品质为依据。所以刚强、柔和、明朗、清畅、稳固等品质，必然可通过形体、容貌、声音、脸色和情感趣味表现出来。

《人物志·九征》中说："故心质亮直，其仪劲固；心质休决，其仪进猛；心质平理，其仪安闲。"这里指人的品质表现于仪态上，俗话说相由心生。人的仪表是心理素质、道德品质的自然流露。意思是说：一个人内在的品质诚信正直，他的风度仪容就坚毅刚强；内在品质宽宏、果断，他的风度仪容就奋进勇猛；内在品质平和而有理智，他的风度仪容就安逸悠闲。

今天的公务员考试通常有笔试和面试，面试其实很重要，可以观察一个人的性格、品质、应变能力。目前，我们已逐步形成一套较为完善的、科学的面试体系。

刘劭认为人才的识别，主要通过"神"与"形"这两个方面去考察。

首先是察神。《人物志·九征》说："夫声畅于气，则实存貌色；故：诚仁，必有温柔之色；诚勇，必有矜奋之色；诚智，必有明达之色。夫色见于貌，所谓征神。征神见貌，则情发于目。故仁目之精，悫然以端；勇胆之精，晔然以强。"意思是说，声音在气息中流畅而其内在的本质体现在容貌之中，所以真正的仁爱必然显现出温柔的神色，真正的勇敢必然显现出勇武果敢的神色，真正的智慧必然显现出明澈通达的神色。容貌出现了这些神色就是人们所说的征神，征神出现在容貌上而其神情则从眼睛中表现出来，所以闪耀仁慈目光的眼睛，是诚实谨慎、端正无邪的。反映勇气胆量的眼睛，是光亮强劲的。

曾国藩在《冰鉴》中对于审神有一段论述："古者论神，有清浊之辨。清浊易辨，邪正难辨。欲辨邪正，先观动静。"他与刘劭的看法是一致的，审神关键在于看眼神。眼睛是心灵的窗户，一个人的心性品质，集中表现在面部，尤其是一双眼睛里。为此，曾国藩说："静若含珠，动若木发；静若无人，动若赴的，此为澄清到底。静若萤光，动若流水，尖巧而喜婬；静若半睡，动若鹿骇，别才而深思。一为败器，一为隐流，均之托迹于清，不可不辨。"这段话的意思是说，古人把神分为清与浊两种。清与浊是比较容易区别的，但邪与正的区分却比较难，因为邪与正都是托身于清之中，为此，要从动静两种状况入手。

眼睛处于安静状态时，目光安详沉稳而有光，宛如晶莹明亮的明珠，含而不露；处于运动状态、观物状态时，眼中光华生辉；精气闪动，犹如春水之荡清波。也可以说，眼睛处于安静状态时，目光清莹明澄，静若无人；处于运动状态时，锋芒内蕴，精光四射，犹如飞射而出的箭，直中靶心。以上两种表现，澄澈明亮，一清到底，属神正的状态。

那么，什么是神邪的状态呢？这就是眼睛处于安静的状态时，目光像萤火虫的光，柔弱却又闪烁不定；处于运动状态时，目光又像流动的水，虽然清澈，但游移不定，没有归宿。以上两种目光，一种属于灵巧和伪善的神情，一种属于奸心内萌的神情。神邪状态还有另外的表现如处于安静状态时，眼睛似睡非睡，似强非强；处于运动状态时，又像受惊吓的鹿，总是惶恐不安的样子。这两种神态，一种是聪明伪善，不行正道的表现，另一种是深谋内藏，又怕别人窥探的表现。

如果一个人的"神"平和端庄，"神"定，表明他道德高尚，对人忠心诚实，不会随意易主，也不会因为周围事物的变化而随意改变信仰和节操，敢于坚持正确的东西，意志坚定。

相反，如果一个人的"神"侵邪偏狭，"神"挫，则其品格卑下，心怀邪念，容易见异思迁，随便放弃自己的道德情操而趋利。这种人平常善于掩饰自己，不容易表露自己的本性。

刘劭认为要透过神、精、筋、骨、气、色、仪、容和言等九个方面的外在表现，来了解一个人的内在性格和特质。

《人物志·九征》说："性之所尽，九质之征也。然则：平陂之质在于神，明暗之实在于精，勇怯之势在于筋，强弱之植在于骨，躁静之决在于气，惨怿之情在于色，衰正之形在于仪，态度之动在于容，缓急之状在于言。其为人也：质素平澹，中叡外朗，筋劲植固，声清色怿，仪正容直，则九征皆至，则纯粹之德也。"意思是说，人的性情会通过九种外在的体征表现出来：正派与邪佞，表现在神态；聪慧与愚昧，表现在情感；勇敢与怯懦，表现在筋腱；刚强与柔弱，表现在骨骼；焦躁与安静，表现在气息；悲伤与愉悦，表现在脸色；衰怠与庄重，表现在仪表；举止神情的活动表现在容貌；和缓与急切的状况表现在语言。

一个人，内质纯洁平和淡泊，内心聪慧，外表清朗，筋腱挺拔强固，声音清纯，神色喜悦，仪表端正，容貌庄重，这样九征全部都具备，道德就精纯完美了。

在这"九征"中，不外乎"神"与"形"，"神"包括神情和气色，这方面往往难以把握，"神"反映了一个人的气质、气度、精神状态、意志、学识、才干。"神"相对于"形貌"更难以把握，属于无形的东西，只能靠感觉。"神"不会因衣着的好坏、容貌的美丑、肤色的黑白而改变，它有一种穿透力，能够透过人的外在表现显示出来。

曾国藩是一个察"神"的高手，他通过观察一个人的动静而看其正邪。

江忠源是湘军中的一名文人勇将，他在北京参加科举考试时，以同乡晚辈的身份去拜见曾国藩，见面后，交谈甚欢。江忠源离开后，曾国藩感叹地说："这个人将来会立名天下，可惜会悲壮惨节而死。"

江忠源后来加入了湘军，他率军在广西蓑衣渡伏击太平军，打了大胜仗。江忠源以善带军而名闻朝廷。后来，由于军功累积，由七品知县升任为安徽巡抚。1854年，湘军与太平军激战，江忠源防守庐洲，被太平军攻破，江忠源苦战力竭后，投水自杀。

曾国藩为什么在与江忠源见面后作出这样一个推断呢？这是因为他善于察神。

刘劭认为人的品质还表现在容貌、态度上。《人物志·九征》说："夫仪动成容，各有态度：直容之动，矫矫行行；休容之动，业业跄跄；德容之动，颙颙卬卬。""矫矫行行"指勇武刚强。"业业跄跄"指强健而庄重。"颙颙卬卬"指温和而敬顺。

这段话的意思是说，仪表的运动状态叫作"容"，呈现出各种表情的变化：内心直率者的表情是勇武刚强，气量宏大者的表情是强健庄重；道德高尚者的表情是温和高朗。

《人物志·九征》又说："夫声畅于气，则实存貌色；故：诚仁，必有温柔之色；诚勇，必有矜奋之色；诚智，必有明达之色。"意思是说，声音在气息中流畅，而其内在的本质体现在容貌和脸色上。内心仁慈，脸色一定温和柔顺；内心勇敢，脸色一定振奋坚强；内心聪睿，脸色一定明亮通达。

《人物志·九征》说："夫色见于貌，所谓征神，征神见貌，则情发于目。故仁目之精，悫然以端；勇胆之精，晔然以强。"

综合观察脸色，就是通常所说的研究神色和神态。观察神色要注意眼睛，因为眼神是反映内心真情的窗口。仁慈是眼睛的精气所生，表现为诚实端正的目光；勇敢是胆囊的精气所生，表现为强烈闪烁的目光。

魏晋人才理论及实践重视对眼神的观察，如《三国志·钟会传》："中护军蒋济著论谓：'观其眸子，足以知人。'"

观"形"，主要是看筋、骨、色、仪、容、言这六个方面。神与态是相互联系的，"神"蕴含于内，"形"则显露于外，"神"以静态为主，"形"以动态为主，久久审视，主要是观察人的"神"，短暂一见，主要是观察人的"形"。

曾国藩是文人用兵的典范，他善于从人的形态去观察一个人。有一次，李鸿章带了三个人去拜见曾国藩，请曾国藩对他们分派职务。不巧曾国藩外出散步，三个人站在厅外等候。

不久，曾国藩散步回来。李鸿章说明来意，请曾国藩考察三个人。曾国藩说："我已经考察完毕，面向厅门、站在左边的那位是个忠厚之人，办事小心，可派他做后勤供应工作；中间那位是一个阳奉阴违、两面三刀的人，不值得信任，只可分派一些无足轻重的工作，担不得大任；右边那位是一个将才，可独当一面，必有作为，应予重用。"

李鸿章很惊奇地问："您还没询问他们，如何看出来的呢？"曾国藩笑着说："刚才我散步回来，见厅外有三个人。走过他们的身旁时，左边那个低头不敢仰视，可见是位老实、小心谨慎的人。中间那位，表面上恭恭敬敬，可等我走过之后，就左顾右盼，可见是个阳奉阴违的人。右边那位，始终挺拔而立，如一根栋梁，双目正视前方，不卑不亢，是一位大将之才。"

曾国藩所指的那个"大将之才"，便是淮军勇将，后来担任台湾巡抚，即鼎鼎有名的刘铭传。

四、鉴别人才时容易产生的七种谬误

由于人才的鉴别难度很大，因此，很容易引起误判，为此，刘劭总结了前人的经验教训，告诫人们要引以为戒。刘劭指出在人才鉴识中容易出现七种谬误。《人物志·七缪》说："七缪：一曰察誉有偏颇之缪，二曰接物有爱恶之惑，三曰度心有小大之误，四曰品质有早晚之疑，五曰变类有同体之嫌，六曰论材有申压之诡，七曰观奇有二尤之失。"这七种谬误在今天还是会经常出现。

一是考察人的声誉时会出现偏颇的谬误。声誉是指对一个人的公众评价，也就是现在所说的民意测评，声誉好，自然是一个评价的标准，但声誉本身并不是百分之百的准确。公众的评价同样有主观偏好，通常"老好人"的声誉会比较高。相反，有些干事的人，会触碰他人的利益，得罪他人，其声誉会有"杂音"，这就要客观地作出评价，既要重视民意，也不能将其作为唯一的判断标准。

春秋战国的齐威王是一个明白人，不听凭众人的意见去鉴别一个人。有一次，齐威王把即墨大夫叫到朝中，对他说："自从你治理即墨以来，不断有诋毁你的话传到我的耳旁。但是，当我派人到即墨了解以后，发现即墨的荒地得到开垦，百姓富足，官府没有积压的案件，地方安宁。你之所以受到诋毁，看来主要是没有贿赂我周围的人为你说好话。"为了表彰他的政绩，齐威王赐即墨万户之地。

过了两年，齐威王又把阿地的大夫叫到朝中，对他说："自从你治理阿地以来，不断有称赞你的话传来。可是我派人视察阿地之后，发现那里田地荒芜，百姓贫困。当初赵国攻鄄时，你不去解救；卫国侵略薛陵时，你装作不知。你如此罪恶累累，却一直受到表扬，这是因为你用金钱收买了我的左右，让他们帮助你说话。"于是，齐威王把阿地大夫处死。

孔子说："众好之，必察焉；众恶之，必察焉。"听他人之言，还要亲眼察之。每一个人对人才的评价有其主观动机和偏好，如果偏听偏信，必然误判人才。

二是待人接物会受个人爱好的迷惑。好美之心，人皆有之。有的人凭自己对他人的印象产生好感或厌恶的情感，从而导致作出不公正的选择。三国时的曹操就有过这样的失误。

曹操统一了北方，实际上还可以轻松地攻取西川，当时蜀地为刘璋管辖。刘璋的手下张松凭借向曹操救援的机会，暗藏一幅西川的军事地图，他打算如果曹操尊重他，他就把地图献给曹操。

曹操偏偏犯下了一个以貌取人的错误。张松长得很丑，尖头、露牙、矮小，但声音洪亮。曹操一看他这个丑样子，立即就把脸拉下来，对张松很冷淡。

张松见曹操这么傲慢，一生气扬长而去投靠刘备了。

《人物志·七缪》说："善人虽善，犹有所乏。以其所乏，不明己长；以其所长，轻己所短；则不自知志乖气违，忽忘其善。"意思是说，善美的人虽然有很多长处，但也有他的短处。因为他有短处，这些短处与长处不同，便认不清自己的长处。因为善美之人的长处，轻视自己的短处，就会不自觉地与志趣相悖精神相异，忽略掉了他的美善。

三是审查心智时会对其素质中明与暗、智与愚的判断失误。

四是品评材质时不懂得成熟早晚的疑惑。有的人少年得志，但也有人大器晚成，要看到其潜力。刘劭说："有早智而速成者，有晚智而晚成者。"

五是分辨人才类别时在同才异势之间进行猜测。刘劭说："材同势均，则相竞，材同势倾，则相敬。"

六是观察人才忽略贫富差异的失误。"申压之诡"，指名声消长的相反运动。刘劭在解释这句话时说："藉富贵则惠施而名申，处贫贱则乞求而名压。"

七是观察奇才时难辨虚虚实实的失误。二尤，指尤妙和尤虚，即特别优秀与特别伪假的人物。尤妙之人，有真才实学，大智若愚，外表看来很平常，毫不出色；尤虚之人，一表人才，能言善道，但金玉其外，败絮其中。

三国时，东吴的国君孙权号称是知人善任的明君，却也曾"相马失于瘦，遂遗千里足"。周瑜死后，鲁肃向孙权推荐庞统。孙权先是大喜，但见面后却心中不悦。因为庞统生得浓眉掀鼻，黑面短髯，孙权认为是一介狂士，没有什么大用，便只让他当了个小小的县令。后来，庞统投靠了刘备，刘备委以副军师的职务。

人才的鉴别会产生失误，原因是多方面的，如受人偏好的影响，受限于个人的鉴别能力，或者为表象所迷惑等，但只要出于公正、公道，大的失误是可以避免的。当然，人才的鉴别主要是对人才品德、能力等方面的考察，比鉴别物品的优劣要难得多，这就需要在实践中考察，用时间去考验，从而减少用人的失误。

第五讲　人才的合理使用

"且让骏驹驰大漠，莫教驽马骋沙场。"聪明的领导者在用人上要做到知人善任，"知人"是前提，了解每一个下属的长短优劣，熟悉其品行、秉性。"善任"是落脚点，因才择用，扬长避短，使下属的积极性和才智得到充分发挥。《周易·系辞下传》说："子曰：'德薄而位尊，知小而谋大，力小而任重，鲜不及矣。'"孔子说："德行浅薄而位居高位，智慧狭小而图谋大业，能力不及而身负重任，这样很少有不招来灾祸的。"孔子在这里讲的是人才的使用必须与德、才、能相匹配，这样，才能真正实现人尽其才。

西汉名臣黄霸，在地方为政时政绩突出。他关心百姓生活，亲自制定安民条款，规劝黎民遵章守法，就连家常琐事也考虑得周到得体。"细小之事，起初极为繁多"，而黄霸正是一个善做具体工作的人。一番治理之下，工作很快见了成效，当地出现"路不拾遗，夜不闭户"的景象。

汉宣帝见黄霸将地方治理得如此之好，认为他是大材小用，先后提拔黄霸担任太子太傅，御史大夫，直到丞相。黄霸当上丞相以后，依然像在地方任职一样，关注琐碎事务，日理万机，尽心尽力，但其政绩却很平庸。

《资治通鉴》评价他："霸材长于治民，及为丞相，功名损于治郡。"

黄霸的事例反映了领导者在选人用人上往往会犯不能量才用人的错误，也就是认为某人在一方面能力突出，则认定其也必然能胜任其他方面的工作，于是不管三七二十一，将他提拔到更重要的岗位之上，结果却适得其反。人各有所长，岗位各有特点，必须讲究人才与岗位的匹配度，根据每个人的特点及长处加以任用，才能做到人尽其才，才尽其用，人事相宜。

雍正四年（1726），云贵总督鄂尔泰就任用滇黔官员之事向雍正皇帝建议说："政有缓急难易，人有强弱短长，用违其材，虽能者亦难以自效，虽贤者亦或致误公；用当其可，即中人亦可以有为，即小人，亦每能济世。因材、因地、因事、因时，必官无弃人，斯政无废事。"雍正皇帝对此十分赞赏，采纳了他的建议。用人，关键在于适当，即适才、适地、适事、适时地进行选择。

美国通用电气公司董事长杰克·韦尔奇，是20世纪最伟大的CEO之一，被誉为"经理人中的骄子""经理人中的榜样"。

在一次全球 500 强经理人大会上，杰克·韦尔奇与同行进行了一次精彩的对话。

有人说："请您用一句话说出通用电气公司取得成功的最主要的原因。"

他回答："是用人的成功。"

有人说："请您用一句话来概括高层管理者最重要的职责。"

他回答："是把世界各地最优秀的人才招揽到自己的身边。"

有人说："请您用一句话来概括自己最主要的工作。"

他回答："把 50% 以上的工作时间花在选人用人上。"

有人说："请您用一句话说出自己最大的兴趣。"

他回答："是发现、使用、爱护和培养人才。"

有人说："请您用一句话说出自己为公司所做的最有价值的一件事。"

他回答："是在退休前选定了自己的接班人——伊梅尔特。"

有人说："请您总结一个重要的用人规律。"

他回答："一般来说，在组织中，有20%的人是最好的，70%的人是中间状态的，10%的人是最差的。这是一个动态的曲线。一个善于用人的领导者，必须随时掌握那20%和10%的人的姓名和职位，以便实施准确的奖惩措施，进而带动中间的70%。这个用人规律，我称之为'活力曲线'。"

有人说："请您用一句话来概括自己的领导艺术。"

杰克·韦尔奇回答："让合适的人做合适的工作。"

正如杰克·韦尔奇的观点一样，刘劭在《人物志》中对人才进行了分类并提出了人才使用应当遵循的基本原则，特别指出了人才的使用要与其性格特征相匹配的观点，这对于我们今天进行人才资源的开发和利用具有极大的借鉴意义。

一、人才的使用要"德配其位"

人才的使用最主要的是看人才三个方面的素质：品德第一、性格第二、能力第三。在这三者中，品德决定了人才的本质、方向，起着决定性的作用。《易书·咸有一德》："任官惟贤才，左右惟其人。"贤，指有德有才的人。意思是说，任用官员，一定要任用那些有德有才的人。司马光在《资治通鉴》中说："才者，德之资也；德者，才之帅也。"才，对德起着资助的作用，德对才起着统率的作用。品德是人性之根，立身之基和做人之道。美德之于人才，犹如空气，阳光和水之于生命，须臾不可分开。德和才是一体的两个方面，相辅相成。历代关于使用人才的经验表明，有优良的品德，有正确的追求，才能把才应用在正确的地方。相反，如果没有品德的率领，才能有可能被使用到邪路，对个人、对国家都会带来灾难。刘劭在人才的使用上，首先强调以德为先，德才兼备。他在《人物志·接识》中说："一以论道德，二以论法制，三以论策术，然后乃能竭其所长，而举之不疑。"意思是说，对于人才至少要从道德、法制、谋略三个方面去考察，这样才能彻底地了解他的长处，从而在提拔任用他的时候就没有任何疑虑。刘劭在这里讲的道、法、术三个方面，包括了品德、谋略和才能。这三者是缺一不可的。

贞观六年（632），唐太宗与魏徵有一段关于德与才孰轻孰重的对话。唐太宗说："为官择人，不可造次。用一君子，则君子皆至；用一小人，则小人竞进矣。"魏徵回答："今欲求人，必须审访其行，若知其善然后用之。""天下未定，则专取其才，不考其行；丧乱既平，则非才行兼备不可用也。"

魏徵认为乱世或以才为重，德可以暂居其次；但太平之时，必须坚持德才兼备方可任用。这是因为，"设令此人不能济事，只是才力不及，不为大害。误用恶人，假令强干，为害极多"。纵览历史，有才无德、致辱致祸者不胜枚举。无怪乎古人又说，"无德而富贵，谓之不幸！"假如在选人用人上，重才轻德，将会后患无穷。董仲舒在《春秋繁露》中说："不仁不智而有材能，将以其材能以辅其邪狂之心，而赞其僻违之行，适足以大其非，而甚其恶耳。"意思是说，一个人没有仁智而有才能，就会用他的才能助长自己的邪恶狂妄之心，支持他的乖僻不气之行，进而会放大自己的缺点，使自己的不善达到极致。一个无德有才的人，对个人、对家庭、对社会造成折危害远远大于无德无才的人，因此，无德有才的人称之为奸雄，是令人可怕的。

司马光在《论选举状》中说："取士之道，当以德行为先，其次经术，其次政事，其次艺能。"司马光把品德作为选用人才的第一标准。

"德配其位"，就是厚德之人可以配其高位，赋予重大的责任。《礼记·中庸》中说："大德必得其位，必得其禄，必得其名，必得其寿。"厚德之人就是具有仁、义、礼、智、信之人，用今天的话来说，就是具有正确的价值取向，优良的道德品质、过硬的工作作风和高尚的思想境界，总体来说，就是要有忠诚、担当、负责、诚信、坚定、勇敢、创新等品德。而对于德才不全的人，则只能让其担当中下的职位。

假如用人体来比喻一个人的道德品质的话，可以概括为如下几个方面：

1. 仁爱之心

仁爱之心，就是要具有家国情怀、人民情怀，把人民群众对美好生活的向往作为奋斗目标。认为人皆有仁爱之心，即不忍人之心，主张"以不忍人之心，行不忍人之政，治天下可运之掌上"，"亲亲而仁民，仁民而爱物"，其实质就是爱民，使人民安居乐业。作为领导者，仁爱之心就是以民心为己心，解百姓之忧，乐百姓之乐。

2. 睿智之脑

作为领导者必须有较高的智商，高明的领导要善于出点子、用好人、作决策，要有学识、学养，有处理问题的智慧。睿智的领导者还体现在谋长远、统全局、抓关键，善于平衡各方面的利益关系等。

3. 灵敏之鼻

政治敏锐性对于领导者而言，是一项必备的政治素质。所谓政治敏锐性，就是善于从政治上判断形势、分析问题，善于用马克思主义的政治眼光观察与思考，透过现象看本质，明辨是非，在政治问题上保持头脑清醒。政治敏锐性的核心是立场问题，要坚持在政治上与党中央保持一致。

4. 兼听之耳

官场是个是非圈，有一些喜欢搬弄是非的人。若领导者轻信一面之词，往往会误判。1962 年 1 月 30 日，毛泽东在扩大的中央工作会议上的讲话中说："只要是大事，就得集体讨论，认真地听取不同的意见，认真地对于复杂的情况和不同的意见加以分析。要想到事情的几种可能性，估计情况的几个方面，好的和坏的，顺利的和困难的，可能办到的和不可能办到的。尽可能地慎重一些，周到一些。如果不是这样，就是一人称霸。这样的第一书记，应当叫作霸王，不是民主集中制的'班长'。从前有个项羽，叫作西楚霸王，他就不爱听别人的不同意见。他那里有个范增，给他出过些主意，可是项羽不听范增的话。"善于、乐于听取不同意见，不但体现了一个人的民主作风，也体现了一个人的胸怀。俗话说，"偏听则暗，兼听则明"，善于倾听体现了领导者谦逊的道德品质。

5. 善言之口

能说会写能办事，是作为领导者的要求。领导者离不开讲话、做报告，离不开上下的沟通，善言是领导者的一个基本功。当然，善言不是夸夸其谈、哗众取宠，而是对表达能力的展示。

6. 勤劳之手

俗语说："廉不言贫，勤不言苦。"勤奋的人舍得用心力、智力和体力，虽然很辛劳，但以苦为乐，心甘情愿。勤奋的人不怕苦，不怕累，在困境前不妥协，不放弃，真正做到有担当有气魄。

7. 踏实之脚

"空谈误国，实干兴邦"，这是千百年来人们从历史经验教训中总结出来的为政之道。踏实是领导者的良好品德，表现为实在、务实。古语有言"为政贵在行"，领导者能实实在在为百姓谋福利，想百姓所想，急百姓所急，像焦裕禄一样，为百姓做真事，办实事，成为"人民的好书记"，这才是领导者的好作风。

8. 正气之身

领导者最重要的是走正道，正，乃公正、正直、正气之意。为官一任，应有"身正不怕影子斜"的坦荡，也应有"为人不做亏心事，半夜敲门心不惊"的底气。任何时候，都要一身正气，遵国法、守党纪、务清廉、办实事。

二、人才的使用要"志配其岗"

刘劭认为具有中庸之才的全才之人是少数，大量的人是偏才，在人才的使用上必须把握好偏才的性格特征和专业特长，使之与其岗位相匹配。我们往往比较重视人才的专业特长，而对于性格特征则未引起足够的重视，这是现今我们在选人、用人上的一个"短板"。

刘劭分析了十二种不同性格的人才的长处和短处，指出了与之相适应的职业。

一是刚毅之人，适宜于从事政法工作。《人物志·体别》："强毅之人，狠刚不和。不戒其强之搪突，而以顺为挠，厉其抗；是故，可以立法，难以入微。"意思是说，耿直刚正不阿的人，刚狠严厉，难以和睦。他不介意自己的刚直会冒犯他人，反而把柔顺当作软弱屈服，以致使自己的严厉进一步强化。所以，这种人可以任命他从事立法、司法、执法等工作而建立法律的权威，他们很难被用于从事探究事物的微妙情理的工作。

二是柔顺之人，适宜于遵循常规办事。《人物志·体别》："柔顺之人，缓心宽断，不戒其事之不摄，而以抗为刿，安其舒；是故，可与循常，难与权疑。"意思是说，柔顺安稳的人，性情缓慢，优柔寡断。不介意自己寡断以致无办事能力，反而为刚毅果断视为伤害行为，安心于宽舒安稳的处事方法。所以，这种人可以让他遵循常规办事，不能让他决断疑难问题。

三是雄健有力之人，适宜从事急难险阻的工作。《人物志·体别》："雄悍之人，气奋勇决，不戒其勇之毁跌，而以顺为恇，竭其势；是故，可与涉难，难与居约。"意思是说，勇猛型的人，勇气奋发，胆大果断。他不介意自己的勇猛容易带来破坏和失误，反而把顺应时势看成是胆小怯懦，以至于将自己的勇猛之势发展到极致。所以，这种人可以让他奔赴艰难的工作，而很难让他按规则行事。

　　四是惧慎之人，适宜从事保全事物的工作。《人物志·体别》："惧慎之人，畏患多忌，不戒其懦于为义，而以勇为狎，增其疑；是故，可与保全，难与立节。"意思是说，小心谨慎的人，畏惧灾祸，患得患失，多所疑虑。他不是力戒行义的怯懦，反而把勇敢看作是对他人的轻视怠慢，从而进一步增加疑虑恐惧的心理。所以这种人善于自保全身，很难要求他建功立业，树立名节。

　　五是严峻刚直之人，适宜于从事主持公道的工作。《人物志·体别》："凌楷之人，秉意劲特，不戒其情之固护，而以辨为伪，强其专；是故，可以持正，难与附众。"意思是说，严峻刚直的人，坚持己见，特别固执，他不是力求戒除情志片面、专断的缺点，反而把辨别事理视为虚伪浮夸，从而进一步强化了自己的固执。所以这种人可以主持公道，却很难使众人亲附。

　　六是能言善辩之人，适宜于从事论辩的工作。《人物志·体别》："辨博之人，论理赡给，不戒其辞之泛滥，而以楷为系，遂其流；是故，可与泛序，难与立约。"意思是说，能言善辩的人，论辩道理，表达清楚。不介意自己的言辞过于繁杂而流于不着边际的夸夸其谈，反而把规矩视为束缚，使自己的思想观点更加摇摆不定。

因此，这种人可以让他参与泛泛地议论，但不能从事订立条约、制度等规范性的工作。

七是博爱之人，适宜从事安抚民众的工作。《人物志·体别》："弘普之人，意爱周洽，不戒其交之溷杂，而以介为狷，广其浊；是故，可以抚众，难与厉俗。"意思是说，博爱的人，热爱众生，遍布恩惠。不介意自己的交际面过于广泛混杂，反而把必要的节操视为拘泥，使自己的社交更加混杂不堪。这种人可以让他安抚民众，很难让他淳化世俗。

八是清高耿直之人，适宜于从事按部就班的工作。《人物志·体别》："狷介之人，砭清激浊，不戒其道之隘狭，而以普为秽，益其拘；是故，可与守节，难以变通。"意思是说，清正耿直，廉洁自守的人，针砭抨击世事的污浊，弘扬廉洁清正的清风，不介意自己清高的处世方式、狭隘的缺点，反而把博爱视为污浊，从而使自己更加拘泥迂腐。所以这种人可以让他坚守节操，很难让他变得灵活变通。

九是积极进取之人，适宜从事开拓性的工作。《人物志·体别》："休动之人，志慕超越，不戒其意之大猥，而以静为滞，果其锐；是故，可以进趋，难与持后。"意思是说，积极进取的人，钦慕高超远大的志向，试图冲破条件的限制去干大事业，不介意自己的志向大而无当，反而把安稳沉静视为呆板迟滞，更加助长了过于旺盛的锐气。所以这种人可以让他开拓前行，很难让他从事默默无闻的基础性工作或善后工作。

十是沉静之人，适宜从事研究和论证的工作。《人物志·体别》："沉静之人，道思回复，不戒其静之迟后，而以动为疏，美其懁；是故，可与深虑，难与捷速。"意思是说，深沉平静的人，做事反复思考其中的道理。不介意自己沉静性格的迟缓落后，反而把积极主动视为粗疏，把怯懦当作美德。所以这种人可以让他深思熟虑，思考谋划，很难让他做到办事快捷应急。

十一是质朴率直之人，适宜从事制订契约的工作。《人物志·体别》："朴露之人，中疑实硌，不戒其实之野直，而以谲为诞，露其诚；是故，可与立信，难与消息。"意思是说，质朴率直全部显露的人，内心思考情感会毫无保留地表现出来。不介意自己的过分诚实会流于粗俗鲁莽，反而把必要的掩饰视为虚伪，这样会把自己的思想情感更加外露。所以这种人能够恪守信用，而不能通权达变。

十二是韬晦诡诈之人，适宜从事歌功颂德的传播工作。《人物志·体别》："韬谲之人，原度取容，不戒其术之离正，而以尽为愚，贵其虚；是故可与赞善，难与矫违。"意思是说，韬晦诡诈的人，善于揣摩他人的心理而讨好取悦，不介意自己使用奸诈之术背离正直，反而把诚恳视为愚蠢的行为，以致使自己的品质更加虚伪狡诈。这种人可以让他宣传君主的功德，而不能帮助君主纠正失误。

"情志""性格"用现代的语言来表达，就是"情商"。有学者把"情商"概括为五个方面的能力：认识自身情绪的能力、妥善管理情绪的能力、自我激励的能力、认识他人情绪的能力、管理人际关系的能力，根据刘劭在《人物志》所作的分析和现代的"情商"理论，我认为"人才"必须具备如下"情志"：

一是对生活、工作保持持久的热情和激情。这体现了一个人的人生目标、工作态度，这种热情源自对工作、生活的热爱，始终对所从事的事业保持激情，乐此不疲，甚至以苦为乐，他们不怕坐冷板凳，不怕寂寞，甚至享受寂寞。

二是顽强的意志，具有抗挫力。他们一旦确定了目标，就坚定地走下去，即使碰到困难和挫折，也毫不退缩，千方百计克服困难，不达目标绝不罢休。

三是刚柔相济的品性。他们具有担当、负责的精神，遇事有主见，对于看准了的事情，果断地作出决策，在实施的过程中，善于听取各方面的意见，吸收合理的建议。在处理人际关系时，做到内方外圆，行方智圆，力求做到"忠言也顺耳"，圆融贯通，人际和谐。

四是善于管理好情绪。得意之时不忘乎所以，失意之时不悲观失望，愤怒之时，不失理智，始终保持节制、冷静的情绪，适当地释放，具有较大的自制能力等。人才性格是很微妙的东西，也应当有一个完善的评价指标体系，在用人者作出正确的判断之后，再将人才安排在合适的工作岗位上。

三、人才的使用要"才配其职"

刘劭认为，合理地使用人才，就是要充分发挥每一个人的才能，做到人尽其才。刘劭在《人物志·材能》中分析了人才应具有的八种能力：

一是"自任之能，清节之材也"。这种人具有自成表率能力，具有道德教化的材质，可以在中央政府、政务机关担任负责人，他的施政特点是清廉正直。

二是"立法之能，治家之材也"。这种人具备建立法律制度，建设政法制度的材质，可以在中央政府担任公安司法部门负责人，他的施政特点是公平严厉。

三是"计策之能，术家之材也"。这种人具有计谋策略能力，是术家之才。在中央政府适合辅佐最高决策机构制定大政方针，他的施政特点是灵活顺势。

四是"人事之能，智意之材也"。这种人具有通晓人情世故的能力，是智意之才。在中央政府适合辅佐政务执行机关负责人，他的施政特点是和谐融洽。

五是"行事之能，谲让之材也"。这种人具有巡视督察的能力，是谲让之才。在中央政府适合辅佐公安司法部门的长官，他的施政特点是督察问责。

六是"权奇之能，伎俩之材也"。这种人具有奇思妙策的能力，是伎俩之才。在中央政府适合担任工业工程部的负责人，他的施政特点是推崇技艺。

七是"司察之能，臧否之材也"。这种人具有整饬风纪的能力，是臧否之才。在中央政府中适合辅佐教育、文化部门负责人，他的施政特点是抑恶扬善。

八是"威猛之能，豪杰之材也"。这种人具有威武勇猛的能力，是豪杰之材。在中央政府适合担任军事将领，他的施政特点是凶猛凌厉。

以上八种能力，是不同的人各自独特的专长，作为决策者要善于发挥其长处，将其放到合适的位置上。同时，在一个团队、部门中，要对不同的人才进行优化组合，取长补短，形成综合优势。

王安石认为用人要适岗、适时。他在《材论》中讲到，南越的长箭，以千锤百炼之金属为箭头，以秋鹗的硬翎为箭羽，置于强弩之上，满弓可射至千步之外，即使是凶猛的犀牛，也没有不被立即射穿而死的。这种箭是天下锐利的武器，是展示武力时应当珍视的。但是如果不知道它所适合使用的地方，而用来敲敲打打，那它就和腐朽枯槁的棍棒没有区别了。由此可知，即使得到了才智卓越的人，如果使用的方法不当，就与普通人没有区别了。作为一个聪明的人，要精心衡量一个人的才能，慎重对待，使大小、长短、强弱之才都从事他们适合的工作。

春秋时期著名的政治家子产担任相国时，就善于"择能而使之"。他招贤而至的四个大臣都各有所长：冯简子能决断大事；子太叔善于言辞，富有文采；公孙挥能及时掌握四方诸侯的动态，并熟悉各国大夫的家庭情况、才能高低，擅长外交事务；裨谌善于出谋划策。

每当郑国与外国有大事发生时，子产首先向公孙挥了解情况，了解信息，让他进行谈判交涉，然后到郊外去与裨谌静心谋划；接着把谋划的思路、策略告诉冯简子征求意见，作出决策；准备就绪以后，就交给子太叔去执行，协调落实，一切进行得有条不紊，井然有序，处置妥善。

在社会分工越来越细的今天，对人才专业技能的要求也越来越具体。目前的职业分类很细，每一个职业都必须有与之适应的专业相匹配。《人物志·流业》专门讨论了十二种人才的专业特长以及堪任的十二种官职。刘劭在这里讨论的是行使管理的人才。"流业"之"流"，有两层意思：一个是源流之流，即德、法、术为各种人才的源头；另一个是指品类，即人才类型，刘劭把它概括为十二种，即：清节家、法家、术家、国体、器能、臧否、伎俩、智意、文章、儒学、口辩、雄杰。

这十二类专才，处于核心层的人才是清节家、法家和术家，清节家是德行上的楷模，是众人所效法的对象，在组织中具有强大的向上力，故居于首位。然后是制度和政策的制定者，即是有战略眼光的人才。这三类人才的层次较高，属于决策层的人才。而其他的属于衍生层的人才。这类主要是执行型的人才和督察型的人才。

历史上"用人非长"的教训很多，赵王用错赵括就是一个典型的例子：

赵括是战国时期赵国名将赵奢的儿子，自小学习兵法，言兵事，没有人说得过他。但是赵奢认为儿子夸夸其谈，没有实践经验，只不过是"纸上谈兵"，不可担当大任。赵括的母亲问赵奢为什么赵括不能重用，赵奢说："用兵作战，关系到人的生死，赵括只会纸上谈兵，赵国将来如果用他为将，赵军一定会被他葬送。"

赵奢死后，廉颇为赵将，与秦军在长平对垒。秦军多次挑战，赵军固守不战。秦军久攻不下，就使用离间计，说廉颇老了，不能打仗了，秦军最怕的是赵括为将。赵王信以为真，以赵括取代廉颇为将。蔺相如、赵括的母亲上书赵王"赵括不可为将"，可惜赵王不听，坚持己见。结果，长平一战，赵括被秦军乱箭射死，赵国四十万将士也全部惨遭活埋，这是史上的一场惨剧，幸亏楚、魏两国相救，赵国才幸免亡国之灾。但是，赵国从此一蹶不振。

才干是用人时要认真考量的一个问题。才能大致由三大部分组成：

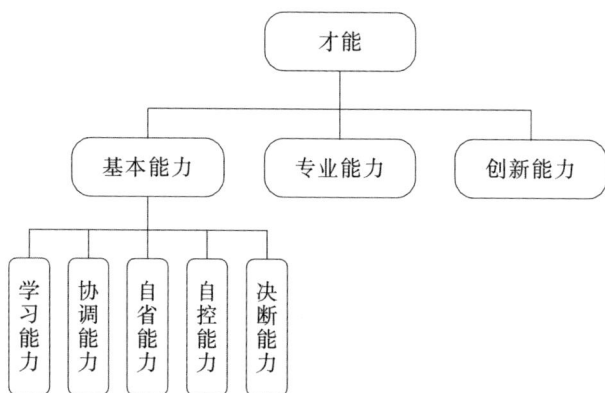

```
                    ┌─────┐
                    │ 才能 │
                    └──┬──┘
         ┌─────────────┼─────────────┐
    ┌────┴────┐   ┌────┴────┐   ┌────┴────┐
    │ 基本能力 │   │ 专业能力 │   │ 创新能力 │
    └────┬────┘   └─────────┘   └─────────┘
   ┌───┬─┴─┬───┬───┐
 ┌─┴┐┌┴┐┌┴┐┌┴┐┌┴─┐
 │学││协││自││自││决│
 │习││调││省││控││断│
 │能││能││能││能││能│
 │力││力││力││力││力│
 └──┘└─┘└─┘└─┘└──┘
```

一是基本能力。这个能力主要有如下几个方面：

（1）学习能力。中国自古以来倡导爱学习、好读书的风气。今天，学习能力是人才最基本的一种能力。随着科学技术的飞速发展，人类知识的快速发展，一天不学习就会落伍，就会出现"本领恐慌"。学习增长才干，丰润心灵，应该成为生活中不可缺少的重要内容。

南宋著名的理学家、教育家朱熹强调读书穷理，认为"为学之道，莫先于穷理；穷理之要，必在于读书"。他的弟子汇集他的训导，概括归纳出"朱子读书法"六条：循序渐进、熟读精思、虚心涵泳、切己体察、着紧用力、居敬持志。这六条法则不是孤立的，是相互联系、有机地结合在一起的，有其内在的逻辑，是一个完整的读书、求学、进业的程序和步骤。

学习是以寻找事物发展的规律为宗旨的。学习是为了做学问，做学问就是求真、求是，找到事物运动发展的规律。无论是社会规律还是自然规律，都是在学习、钻研的基础上得来的。今天，加大了干部交流轮岗的力度，一个领导者要干一行，爱一行，胜任一行，主要在于有学习能力。只要有很强的学习能力，就能适应新的工作岗位。

（2）**协调能力**。领导者要注重发挥管理者的作用，加强团队协作，提高协作意识，力求 $1 + 1 > 2$。这就要善于整合团队资源，心往一处想、劲往一处使，形成合力、排除困难，协调好上下左右、内内外外的各种资源。

（3）**自省能力**。自省是一个人不断地自我审视，修心醒悟，不断提高自我的能力。《论语·学而》："吾日三省吾身。"《论语·里仁》："见贤思齐焉，见不贤而内自省也。"一个人自省的过程，也是使内心去除杂质，控制内心欲望膨胀的过程。内省不仅要静心反思，发现内心的问题，而且要勇于下决心剔除。自省是儒家所倡导的十分重要的修养方法，它指人的自我反省、自我省察，是一种"反求诸己"的精神。优秀的人才有自知之明，善于从失误中总结经验教训，从而获得人格的完善，能力的增长。

（4）**自控能力**。所谓自控力，就是自己能够掌控自身言行、自身情绪、自身习惯、自身欲望的能力。"猝然临之而不惊，无故加之而不怒"，就是一种生动的诠释。陈毅的《七古·手莫伸》一诗有这样几句话："岂不爱权位，权位高高耸山岳。岂不爱粉黛，爱河饮尽犹饥渴。岂不爱推戴，颂歌盈耳神仙乐。"面对权力、美色、颂歌的诱惑怎么办？陈毅给出了四个办法，"第一想到不忘本，来自人民莫作恶。第二想到党培养，无党岂能有所作？第三想到衣食住，若无人民岂能活？第四想到虽有功，岂尤过失应惭怍。"这四个"想到"，其本质就是自控力，控制自身的欲望，拒绝诱惑，误入歧途。

（5）**决断能力**。面对复杂的问题要果断决策，果断处置。"该断不断，反受其乱"，领导者要善纳良言，遇事要斩钉截铁，不能左右为难，拖拖拉拉，优柔寡断，决而不断，断而不行。

金末元初诗人元好问《四哀诗·李钦叔》写道："当官避事平生耻，视死如归社稷心。"当下有的领导者开展工作时瞻前顾后、畏首畏尾，在重大决策面前优柔寡断、患得患失，特别是在一些风险高、任务重、责任大的领域更是如此；甚至，在有些地区或部门已经形成了一种甘当"太平官"的不良政治氛围。这些人主要是抱着一种侥幸心理，窃以为多干多错、少干少错、不干不错，不出乱子就不会被摘帽子，不捅娄子就不会被挪位子。假如任由这种守摊子、装样子、混日子的不正之风蔓延，不知不觉间便会削弱创业热情，侵蚀党和政府的健康肌体。

二是专业能力。这主要是职业能力，每一个职业都需要有专业的知识，比如法律、财务、信息等方面。

三是特殊能力即创新能力。作为优秀的人才，要不断打破固有的思维定式和条条框框，善于用新的视角分析局势，用新的思路推进事业，用新的机制和方法处理疑问，攻坚克难。

四、人才的使用要"扬长避短"

清代诗人顾嗣协说："骏马能历险，犁田不如牛。坚车能载重，渡河不如舟。舍长以就短，智高难为谋。生才贵适用，慎勿多苛求。"人才有不同的类型，能力大小各异。人才的"长"与"短"也是相对而言的，用错了，"长"就变成了"短"；用对了，"短"就变成"长"。庸才往往是没有放到合适位置的人才。用好用活人才，关键在于扬长避短，量才而用，做到"智者取其谋，愚者取其力，勇者取其威，怯者取其慎"，使每个人的优势和技能都能得到充分的发挥。

唐代陆贽说："若录长补短，则天下无不用之人；责短舍长，则天下无不弃之士。"任何人有其长处，必有其短处。用人所长固然值得提倡，而从人的短处中挖掘出长处，由善用人长发展到善用人短，也是值得我们学习的。

清代有位叫杨时斋的军事家，他认为军营中人人均有用武之地。聋者，安排在左右当差可避免泄露重要军事机密；哑者，派他传递密信，因守口如瓶即使被敌人抓住，除了搜去密信之外，再也问不出更多的东西；跛者，命令他去守护炮台，因艰于行走很难弃阵而逃；盲者，听觉特别好，命他战前伏在阵前窃听敌军的动静。杨时斋的用人观诠释了这样一个道理：任何人的不足之中定蕴藏着可用的长处。

俗话说："挽弓挽强，用人之长。"人都是优点与缺点并存，长处与短处共有。作为管理者，懂得用人之长固然重要，但能用人之短，更是可贵。

为了人尽其才，就必须把他们放到合适的职位上。如果放错了位置，就会给国家带来灾难。刘劭在《人物志·材能》中，分析了人才的能力与之相匹配的职位。"夫能出于材，材不同量；材能既殊，任政亦异。"意思是说，人的能力出自才智，才智又有大小的不同，人的才能既然有大小的不同，其所承担的国家政事也有所差异。

首先，要用其所长。人才的长处和短处往往是相互并生的，每个人都有其长处，也有其短处，金无足赤，人无完人，要选贤任能，就不可求全责备，关键在于从长处着眼。王安石认为："人才无论大小、长短、强弱，只要给予适当的职位，则愚笨粗俗、浅薄之人皆能尽力而为地做些小事，至于聪颖贤达的人更会倾其智慧和才干，努力工作。"

其次，在人才的使用上要避其所短。由于偏才的特点不同，能力不同，在使用时要避其所短。有的人能说不能做，有的人能做不能说，这就要尽量避其短处。刘劭举例讲了八类人才能力的缺陷，指出使用失当，将带来严重的后果。例如：

用王道教化政治的人适合统理国家大政，若用他们治理小事，则未免会有疏漏。

用智谋权术理政的人适合治理纷乱，若让他治理安定的局面，则会人为制造烦乱。

用权术谋略理政的人适合治理危难局面，若让他治理和平安定的局面，则社会会失去安定。

用矫枉过正理政的人适合治理奢侈腐化，若让他们治理民俗则会使百姓受到摧残。

用和谐调合理政的人适合治理新创立的局面，若让他治理旧局面，则会发生虚假不实的现象。

用公正苛刻理政的人适合纠正奸佞狡诈，若让他们治理边境地区，易造成百姓逃亡。

用威严猛烈治理的人适合讨伐救乱，若让他们治理善良的百姓，就会对百姓残暴不仁。

　　用推崇技艺理致的人适合治理富足的地区，若让他们治理贫瘠的地区，则会徒劳无功使百姓困苦不堪。

　　以上讲的均为要适地用人。

　　三国蜀将魏延常有不平之心，诸葛亮知他久后必反，但"怜其勇，故始备用之"。而实际上，诸葛亮留用魏延，只用他行军打仗，为蜀国立下了汗马功劳。原因在于诸葛亮扬其长，抑其短。诸葛亮知自己死后，无人能驾驭魏延，就援计除掉了他。蜀汉大将关羽，武艺高强，勇冠三军，但骄傲轻敌，自视打遍天下无敌手，诸葛亮扬其长，抑其短，使关羽屡建奇功。当关羽镇守荆州，无人抑其短时，终于任性放纵兵败麦城被杀。

　　因此，在用人所长的同时，也要长短相权，抑制其短。

第六讲　选人者自身的自我完善

知人善任，取决于选人者的素质，也即取决于是否有"伯乐"。唐代韩愈在《马说》中，生动地描写了千里马的遭遇："策之不以其道，食之不能尽其材，鸣之而不能通其意，执策而临之，曰：'天下无良马！'"，还发出了"千里马常有，伯乐不常有"的感叹。

作为改革家、政治家的王安石，是一个爱才、惜才、用才之人，他在《材论》中也将优秀的人才比喻为奔驰千里的骏马，但希望有更多的"伯乐"，能够识才、用才。他指出，身处"伯乐"之位的人，出于种种偏见，让无数"千里马"老死于槽枥之间，蹉跎一生，虚掷光阴，才华耗尽，真的可惜。

有人说，选人用人不能"伯乐相马"，而应当"赛马"，即设计一套能够让人才脱颖而出的制度，其实，科学的选人用人机制应当是"相马"与"赛马"相结合，这是因为再好的制度也要靠人去执行，只有优秀的"伯乐"，才能建立一个好的制度并且在实际工作中认真地执行，使制度不变样，不走形。这样一来，就对选人者提出了很高的要求。为此，刘劭在《人物志》中，指出了选人者应当具备心胸、眼光、品质和能力，可以说，这对领导者和人事干部素质提出了更高的要求。

```
                              ┌─── 宽广的心胸和善良的品质

    选人者的自我完善 ───────┼─── 通晓四种道理

                              └─── 克服主观偏好和偏见
```

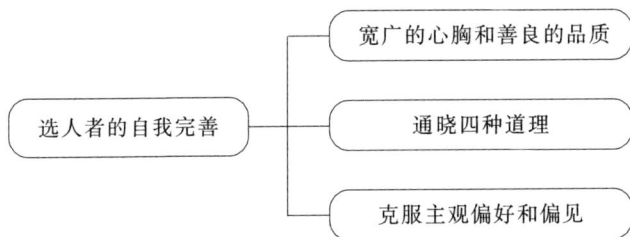

一、选人者必须具有宽广的心胸和善良的品质

刘劭在《人物志·效难》中说："是以良才识真，万不一遇也；须识真在位识，百不一有也；以位势值可荐致之士，十不一合也。"意思是说，良才遇到真正的赏识者，一万个人里也遇不到一个。等到赏识良才的人在位具有权力，一百个人里也不见得一个。识才者在位又正在寻找人才，大概十个人里碰不到一个。这就是说，人才易得，伯乐难遇。人们把对自己有知遇之恩，发现、重用自己的"伯乐"称之为人生的"贵人"，这是因为"伯乐"改变了他的人生际遇，改变了一个单位以至一个国家的命运。在我国历史上，许多胸怀大志、腹有良谋的人，正是依靠伯乐的认定和举荐，而得以施展才华。如萧何举荐了韩信，沈约举荐了刘勰，陶澍举荐了左宗棠，正是这些伯乐有重才之心、容才之量、用人之胆，才使人才脱颖而出。由此可见，领导者、选人者的作用

是如此之大。那么，怎样才能成为"伯乐"呢？

刘劭在《人物志》中认为"伯乐"必须具有四大品质，他在《人物志·七缪》中说："夫精欲深微，质欲懿重，志欲弘大，心欲嗛小。"这里指出了选人者具有的四大品质，即精神要深邃微妙，品质要美好厚重，志向要恢宏远大，胸襟要谦虚谨慎。这四个方面用今天的话来说，概括为如下四个方面：

第一，具有爱才、惜才、用人的情怀。领导者和选人者要有人才是第一资源的意识，对人才倍加珍惜。俗话说"十年树木，百年树人"，人才的培养投入是巨大的，一个人成才的经历需要很长时间的沉淀。人才是生产力中起决定性作用的因素，一个国家的经济、科技、文化、军事等实力，终归取决于人才的储备和使用。人才是国之重器，国之宝贝。

《资治通鉴》里记录了这样一个故事：

齐威王与魏惠王相约在郊野狩猎。

魏惠王问："齐国也有什么宝贝吗？"齐威王说："没有。"

魏惠王说："我的国家虽小，尚有十颗直径一寸以上、可以照亮十二乘车子的大珍珠。以齐国之大，难道能没有宝贝？"

齐威王说："我对宝贝的看法和你可不一样。我的大臣中有位檀子，派他守南城，楚国不敢来犯，泗水流域的诸侯国都来朝贺。我的大臣中还有位盼子，使他守高唐，赵国人怕得不敢到黄河边来打鱼。我的官吏中有位黔夫，令他守徐州，燕国人在北门、赵国人在西门望空礼拜求福，相随来投奔的多达七千余家。我的大臣中有位种首，让他防备盗贼，便出现路不拾遗的太平景象。这四位大臣，光照千里，岂止是大珍珠呢！"魏惠王听了面色十分惭愧。

在魏惠王眼里，那些稀世的夜明珠是宝贝，而在齐威王心中，手下的能臣猛将才是真正的珍宝。两人的见识决定了两个国家的实力。魏国国力在魏惠王治理下一天不如一天，而齐威王手下人才辈出，国家实力不断壮大。

一个国家最宝贵的是人才。只有仰仗人才，国家才能不断进步、壮大国力，实现强国之梦。当下，有的人眼里只有财富、珠宝，其实，人才是最根本、最长远的财富，是对未来起决定性作用的财富。

有诗云："新竹高于旧竹枝，全凭老干为扶持。明年再有新生者，十丈龙孙绕凤池。"作为领导者应有宽广的胸襟，甘当人梯，扶持新人。一个人在事业上可以做出突出的业绩，但最主要的业绩，是带好了团队，培养了人才，使人才辈出，人才济济。唐代诗人杨敬之是一个爱才的人。当时有个叫项斯的人诗才不凡，杨敬之便写了一首诗："几度见诗诗总好，及观标格过于诗。平生不解藏人善，到处逢人说项斯。"在杨敬之推荐下，项斯很快声名远播，第二年即擢为上第。杨敬之成人之美，扬他之善，体现了他的胸怀和格局。假如领导者嫉贤妒能，搞"武大郎"开店，必然会出现像清代戏剧家李调元在《题麻雀》一诗中所讽刺的那样："一窝一窝又一窝，三四五六七八窝。食尽皇王千钟粟，凤凰何少尔何多！"出现庸才、愚才大行其道，人才报国无门的局面，不仅造成个人的不幸，也造成国家的悲哀。

领导者和选人者正是因为有了爱才、惜才、用才的情怀，才会广揽人才，认真地辨识人才，科学合理地使用好人才。

第二，具有远大的志向和宽广的胸怀。领导者和选人者如果心胸狭小，必然妒才。人才无用武之地，必然流失。因此，选人者必须有宽广的胸怀，既能容人之短，更要能容人之长。

但现实中，能发现、推荐人才的人并不多见。子贡问老师孔子，各国最优秀的人才有谁？当时齐国有管仲、郑国有子产，他们使齐、郑二国繁荣富强。没想到孔子却说齐国的鲍叔牙最优秀，郑国子皮最优秀。子贡感到不解，孔子说："我听说鲍叔牙推荐了管仲，子皮推荐了子产，却没有听到管仲、子产推荐什么优秀的人才。"

春秋战国时代，齐桓公首先称霸，且列五霸之首，这是与齐桓公和鲍叔牙用人的宏阔视野和非凡的格局分不开的。当鲍叔牙向齐桓公举荐管仲时，齐桓公起初还记得管仲射他一箭之仇，鲍叔牙说："人臣者各为其主，射钩之时，知有纠不知有君。君若用之，当为君射天下，岂特一人之钩哉？"

齐桓公听了后任命管仲为上卿。鲍叔牙认为这并未重用管仲。鲍叔牙对齐桓公说："非管夷吾不可。夷吾所居国国重，不可失也。"齐桓公于是亲自考察管仲，与他谈了三天三夜，可谓句句投机，全不知倦。于是，齐桓公兴冲冲便要拜管仲为相，没想到管仲又拒绝了。

管仲说："大厦之成，非一木之材也；大海之阔，非一流之归也。君必欲成其大志，则用五杰。"这五杰分别是隰朋、宁戚、王子成父、宾须无、东郭牙。于是，齐桓公立管仲为相并用五人为大夫，尊其号为仲父，并称"国有大政，先告仲父，次及寡人，有所施行，一凭仲父裁决"。

从这个故事中，我们可以看到齐桓公和鲍叔牙的宽广胸襟，善纳良言的气度以及善于发现、使用人才的眼光。也可以看到管仲既有自知之明，又有察人之慧。管仲既知自己之短，又知他人之长，量才荐用，一心辅佐，共成大业，我们从中可以看到其抱负的远大，胸怀的开阔，眼光的远大。

辨识人才，是智慧；推荐贤才，是境界；引进人才是道义和责任。具备三种品德是选人者的品质、胸怀和境界。

第三，具有选贤任能的公心。《礼记·礼运》中说："大道之行，天下为公，选贤与能，讲信修睦。"领导者和选人者在选人用人上要出于公心，不徇私情，任人唯亲。为官者在选人用人上是否公道正派，历来是吏治中的一个大问题，也是反腐的一大难题。清朝雍正皇帝曾

御书"公正持衡"四个大字作为匾额赐给吏部。这四个
字用现在的话说就是"公正公平",只有公正公平才能
使优秀人才脱颖而出,相反,不公平必然使庸才、奴才
占据要位,投机钻营之风、阿谀奉承之风盛行,官场风
气日下。"公生明,廉生威"。管子在《形势解》中说:
"天公平而无私,故美恶莫不覆。地公平而无私,故小
大莫不载。"公道立则奸邪塞,私权废。

　　在古代,人主的格局决定了事业的大小。三国时的
曹操,人们评价他是"乱世之奸臣,治世之能臣"。曹
操有谲诈多智之"奸",又有胆智超人,识人超群之雄,
特别是度量之宏大是他人难以企及的。这可以以曹操对
待陈琳一事为证。陈琳是"建安七子"之一,才华出
众,曾依附于袁绍。《三国演义》第二十二回记载:官
渡之战前,袁绍让陈琳写讨伐曹操的檄文,陈琳当下领
命,洋洋洒洒,援笔立就,写下了一千六百多字。文中
说:"司空曹操:祖父中常侍腾,与左悺、徐璜并作妖
孽,饕餮放横,伤化虐民;父嵩,乞匄携养,因赃假位,
舆金辇璧,输货权门,窃盗鼎司,倾覆重器。"陈琳先是
辱骂曹操的祖父、父亲,用赃物行贿获得官位,窃据三
公之位,破坏国家宝器。然后,又说:"操赘阉遗丑,本

无懿德；獝狡锋协，好乱乐祸。"陈琳在这里骂曹操为宦官赘子遗留下来的丑类，本无美德，挟负气力以任事自雄，喜好惑乱，幸灾乐祸。当时，曹操正在发头风病，病卧在床，览读檄文，毛骨悚然，竟惊出一身冷汗，不觉头风顿愈。可见其文之犀利尖刻，句句戳在曹操心上。这篇檄文历数曹操的罪行。官渡一战，曹操以少胜多、以弱胜强，陈琳成为曹操的"阶下囚"。然而，曹操对陈琳没有痛斥，《三国演义》第三十二回记载："操方欲起行，只见刀斧手拥一人至，操视之，乃陈琳也。操谓之曰：'汝前为本初作檄，但罪状孤可也；何乃辱及祖父耶？'琳答曰：'箭在弦上，不得不发耳。'左右劝操杀之；操怜其才，乃赦之，命为从事。"意思是说，你以前为袁绍写那个檄文，骂我就行了，为什么要往上辱骂到我的祖父、父亲呢？陈琳回答说："箭在弦上，不得不发耳。"左右劝曹操杀之。曹操爱其才，不但赦免了他，还派他与陈留人阮瑀一同担任主管撰写奏章的记室。可见，曹操胸襟之广。

　　同样，贤臣的胸襟也关乎事业成败。三国时的蒋钦是孙权的右护军。当时的芜湖令徐盛，收捕并斩首了蒋钦的一名手下。后来，曹操攻打濡须时，蒋钦和吕蒙统领军务，徐盛就时常怕蒋钦"因事害己"，给自己穿小鞋，但蒋钦却总说他好。孙权就问为什么，蒋钦说了一段话："臣闻公举不挟私怨，盛（徐盛）忠而勤强，有胆略器用，好万人督也。今大事未定，臣当助国求才，岂敢挟私恨以蔽贤乎！"于情于理说得极是透彻。

"公举不挟私怨""岂敢挟私恨以蔽贤"，这就是出自公心，以公为大，以私为小，认为以私废公、公报私仇是大恶。那些胸怀天下、谋深虑远的人，往往不会为私人恩怨所蔽。也正因此，他们才能立其功业，成其贤名。相反，只有那些目光短浅、胸无大志的人，才把私人恩怨看得很重，当然，也就干不成什么事。

选人者一旦有了私心，必然会因私废公，即使有人才也会视而不见。战国时期有个叫公叔座的人，是魏国的宰相，魏王把女儿嫁给了他，希望他能专心辅佐自己，为国家发掘人才。很快，魏国来了一个旷世奇才，叫吴起，吴起不仅有军事才能，还有政治才能，是一个不可多得的人才。但是，公叔座担心吴起会抢了他的宰相之位，于是设计让吴起给魏王留下不好的印象。终于，魏王放弃使用吴起，魏国错失了一次变强的机会。

这说明，当一个人一旦有了私心，就很难去考虑国家的利益，就会眼中无人才，失去公平和正义，很难作出公正的判断而知人、识人、用人。

坚持选贤与能的公心，要反对任人唯亲。要破除门户之见，要不徇私情。

明朝前期的内阁辅臣杨溥用人出于公正，选贤任能，有贤相之名，是一位清廉而又公正的大臣。

有一次，他的儿子从家乡来京城看望他。杨溥询问他一路上看到、听到、所过州、县官吏是否贤良。杨溥的儿子借机说："我从江陵经过，觉得那里有个县令特别不好。"杨溥追问原因，儿子回答："这个县令待我傲慢失礼，此人便是天台县县令范理。"听了儿子的告状，杨溥明白，这是因为范县令是一位不肯巴结权贵，不喜铺张奢侈的正直官吏，儿子的不满，正可见范理的贤明。杨溥默默记下了范理的名字，后来推荐提拔他担任德安府知府。

自古以来，为官者往往以对其家人子弟的态度判断是非，决定亲疏弃取。杨溥却毫无私心，不但不偏听偏信其子言论，不以儿子的好恶为依据，而且能从中看到

范理的清廉正直，为国推荐人才，这既是为官用人的典
范，又是善于齐家教子的楷模。

第四，具有一双选贤任能的"慧眼"。这就是"精
欲深微"，明察秋毫，慧眼识珠，具有辨识人才的能力，
善于察言观色。

①察其应赞。通过观察其神色，以窥见对方的真实
心态，以了解其反应能力。"察其应赞"是指观察被考
察者对某种见解的反应，从其语言和神色的矛盾中，窥
知其真实思想。《人物志·八观》中说："征见于外，不
可奄违，虽欲违之，精色不从，感愕以明，虽变可知。"
例如，说得头头是道而神色不可信，一定是违心之论；
说得不合情理而神色可信，一定是不善辞令。

②观其辞者。通过观察谈吐，以确定其性格才能。
"观其辞者"是通过倾听被考察者的言论，以得知其思
想水平、性格特点和才能。刘劭罗列了十三种发言风格
所反映的人才性格。比如，发言旗帜鲜明，说明性格直
率坦白；发言条理清晰且深入浅出，说明学识融会贯通；
论点变化多端而无一定之见，说明思路杂乱。

③通过观察行为举止，辨识其才能。

左宗棠在长期的实践中总结了独具用人艺术——九验九术，选用了一大批杰出人才，为顺利完成西征平叛大业奠定了基础。九种考验方法是：派到边远地区任职，观察其是否忠于职守；派到近处任职，观察其办事是否认真谨慎；派给复杂纷繁的任务，观察其才能；派给仓促任务，观察其机智；临时提出约定，观察其信用；派他保管财物，观察其品德；告诉他有危险，观察其节操；用酒将他灌醉，观察其仪态；使他杂处混居，观察其是否好色。

九条技能标准是：谨守道德礼仪，同情他人饥寒，怜悯他人劳苦的是仁将；临危不惧，不为利动，宁可光荣牺牲不肯屈辱求生的是义将；贵而不骄，胜不炫耀，能礼贤下士、忍辱负重的是礼将；处变不惊，动静没有端绪，能变祸为福、危中取胜的是智将；赏罚分明，赏赐及时，惩罚不畏避权贵的是信将；行军作战跑得比战马还快，力敌千人，善于短兵冲杀，长于远距离射箭的是步将；能攀高历险，骑着飞跑的马射箭，冲锋在前、退军殿后的是骑将；勇冠三军，不畏强虏，羞于小斗、敢御大敌的是猛将；见到贤者就想向他学习，见到有益于众的好事就抢着做，能接受别人劝谏，宽宏大量却又刚强坚毅、不卑不亢的是大将。

二、选人者要通晓四种道理

上面说到领导者和选人者的品质，仅有良好的品质还不够，还要通晓四种道理，这是选人、用人的智慧、是遵循人才的成长规律。刘劭认为选人者应该是"通情达理"的人，在《人物志·材理》中说："若夫天地气化，盈气损益，道之理也。法制正事，事之理也。礼教宜适，义之理也。人情枢机，情之理也。"作为选拔者必须掌握人才规律，提升自身的素养、学养和修养。刘劭在这里提出了"四种道理"：

一是人才成长的"道"理。这就是通晓世间万物发展变化的规律。天地阴阳之气所化成的万物，有消长盈亏的变化，这一自然规律与人才成长规律是一致的，因此，作为选拔人才者必须具有哲学方面的知识，学会辩证思考，全面地、辩证地、科学地看人才。

二是通晓政治法制和社会管理的"事"理。行政管理有其必须遵循的"规矩"，即制度安排和规划，人才选拔也有其程序和规范，人才的选拔者必须按照"事"理作为行为规则，为此，必须学习掌握政治学方面的知识。

　　三是通晓行动适合时宜的"时"理。什么是"礼教宜适"？刘兵昞说："以理教之，进止得宜"，意思是用万物发展变化的道理教育人们，使他们的行动适合时宜。人才的选择既不能埋没，也不能"拔苗助长"，关键在于使用"适时"，太迟了不行，太早了也不行。

　　四是通晓人的性情的"情"理。人是有思想情感活动的，每一个人的性情不同，适宜的岗位也不同，选拔人才者必须学习心理学方面的知识，通过观察人的言谈举止，了解人的性情。当今许多人事干部都缺乏这方面的知识，且选拔人才的标准中缺乏对被选拔者的性格分析，这是要加以改进的工作。

三、要克服选人者的主观偏好和偏见

　　刘劭认为在人才的识别中，选人者容易发生种种偏颇。有的人喜欢以自己的观点和标准去观察和衡量别人，所以，只能认可和自己同类的人才，认识不到与自己不同类人才的长处。《人物志·接识》中说："是故，能识同体之善，而或失异量之美。"意思是说，能够认识同类人才的长处，而不认识不同类人才的长处。刘昞说："性长思谋，则善策略之士。""遵法者虽美，乃思谋之所不取。"人都有主观偏好，凡是与自己的看法、性格一致的，很自然地会认可，即使有缺点，也会视而不见，甚至把缺点当作长处。而对于与自己的品性相悖的，即使有长处也不会认可。这样，难免作出不客观的评价，因此，选人者必须摒弃自己固有的偏好和标准，尽可能多地发现与自己不同类的人才的长处。

结　语

　　清代著名思想家龚自珍诗曰："我劝天公重抖擞，不拘一格降人才！"选人、用人是提高社会创造力的根本大事，是一门高深的学问。现代社会的发展，随着社会分工日趋细化和科技的进步，人才的种类也越来越多，对人才素养的要求也越来越高，选人、用人日趋走向科学化、规范化、法治化的轨道。毛泽东同志曾说："春风杨柳万千条，六亿神州尽舜尧。"新时代呼唤亿万人才的涌现，亿万优秀的人才推进伟大的时代。龚自珍所期待的"不拘一格降人才"的梦想已经到来！人皆成才，人尽其才的时代已经到来！让我们在选人用人上坚持"知人善任"之道，坚持"德才兼备"的用人标准，遵循"选贤与能"的用人方向，恪守"量才适用"的原则，让更多的优秀人才脱颖而出，为实现人才强国战略而努力奋斗！

参考文献

1. 梁满仓译注：《人物志》，北京：中华书局 2013 年版。

2. 王晓毅：《知人者智：〈人物志〉读本》，北京：中华书局 2014 年版。

3. 赵蕤著：《反经》，南京：江苏凤凰美术出版社 2016 年版。

4. 骈宇骞、齐立洁、李欣译注：《贞观政要》，北京：中华书局 2009 年版。